Oskar Wächter
Vehmgerichte und Hexenprozesse in Deutschland

Aus Fraktur übertragen

Wächter, Oskar: Vehmgerichte und Hexenprozesse in Deutschland
Hamburg, SEVERUS Verlag 2011.

ISBN: 978-3-86347-158-3
Druck: SEVERUS Verlag, Hamburg, 2011

Lektorat: Anna Felmy, SEVERUS Verlag
Umschlaggestaltung: Anna Felmy, SEVERUS Verlag

Der SEVERUS Verlag ist ein Imprint der Diplomica Verlag GmbH.

Bibliografische Information der Deutschen Nationalbibliothek:
Die Deutsche Nationalbibliothek verzeichnet diese Publikation in der Deutschen Nationalbibliografie; detaillierte bibliografische Daten sind im Internet über http://dnb.d-nb.de abrufbar.

Die digitale Ausgabe (eBook-Ausgabe) dieses Titels trägt die
ISBN 978-3-86347-159-0 und kann über den Handel oder den Verlag bezogen werden.

© **SEVERUS Verlag**
http://www.severus-verlag.de, Hamburg 2011
Printed in Germany
Alle Rechte vorbehalten.

Der SEVERUS Verlag übernimmt keine juristische Verantwortung oder irgendeine Haftung für evtl. fehlerhafte Angaben und deren Folgen.

Inhaltsverzeichnis

Vorwort. 7

Einleitung. 9

Erste Abteilung. Die Vehmgerichte.
Erster Abschnitt. Zwei Erzählungen.
I.   Auf roter Erde. 37
II.   Die Macht der Ferne. 43
Zweiter Abschnitt. Ursprung und
       Verfahren der Vehmgerichte. 53

Zweite Abteilung. Die Hexenprozesse.
Erster Abschnitt. Das Hexenwesen. 89
Zweiter Abschnitt. Die Verfolgung. 96
Dritter Abschnitt. Wasserprobe und Nadelprobe. 112
Vierter Abschnitt. Die Folter. 115
Fünfter Abschnitt. Der Hexenturm. 138
Sechster Abschnitt. Gefängnis. Hinrichtung. 142
Siebenter Abschnitt. Merkwürdige Hexenprozesse. 147
Achter Abschnitt. Zur Erklärung. 169

Vorwort.

Vehmgerichte und Hexenprozesse gehören einer längstentschwundenen Zeit an. Aber, von weittragender Bedeutung für ganz Deutschland, werfen sie Licht und Schatten über vier Jahrhunderte unserer Geschichte. Und sind sie nicht heute noch von allgemeinem Interesse? Wer hätte nicht schon von Vehme und von Hexen gehört und gelesen? In Romanen und Dramen, in allerlei Erzählungen der Fremdenführer, in Sagen und Beschreibungen tauchen sie immer wieder auf. Und in der Tat haben diese mittelalterlichen Erscheinungen etwas ungemein Fesselndes bei aller unheimlichen Macht, welche sie auf das Gemüt des Hörers üben. Aber die Wenigsten wissen, wie es damit wirklich sich verhielt. Unkenntnis und Mangel an historischem Sinn ließen ein Gestrüppe irriger Vorstellungen aufwuchern, durch welche der wahre Sachverhalt vielfach entstellt und getrübt wurde.

Während die Vehmgerichte eine der großartigsten und ehrwürdigsten Gestaltungen des deutschen Volksgeistes mit Recht genannt worden sind, führen die Hexenprozesse tief in die Nachtseite der Menschheit und zeigen die finsterste Entartung eines geheimen Inquisitionsverfahrens, welchem Hunderttausende unglücklicher Menschen zum Opfer gefallen sind. Die Bedeutung und das Wesen der Vehmgerichte lassen sich nur im Zusammenhang anderer Zustände des Mittelalters richtig erfassen. Die Rohheit des Faustrechts, die Grausamkeit der Strafen, sie bilden die Folie, auf welcher eine Darstellung der Vehme im rechten Lichte sich abheben muß.

Weit tiefer noch liegen die Wurzeln des Hexenwesens! Alle Zeiten, alle Völker wissen davon zu erzählen, als ob etwas allgemein Menschliches darin anklingen müßte. Aber wie ein schleichendes Gift zur verzehrenden Krankheit ausbricht, weil äußere Verhältnisse diesen Ausbruch begünstigten, so mußten auch für die verheerenden Hexenprozesse in Deutschland die Zustände aus der allgemeinen Rechtslage sich herausbilden und jene furchtbare Erscheinung möglich machen.

Populäre Darstellungen solcher Stoffe verfallen leicht in den Fehler der Oberflächlichkeit und Trivialität, während doch der gebildete Leser beanspruchen kann, daß ihm nur quellenmäßige Wahrheit, aber freilich nicht in unverdaulicher Form geboten werde. Dieser Anforderung suchen die folgenden Blätter gerecht zu werden.

                Stuttgart, April 1882.
                Dr. Oskar Wächter.

Einleitung.

Ohne Zweifel hat es seine Berechtigung, wenn man von der Herrlichkeit des Mittelalters, seinen erhabenen Werken der Kunst und seinen kraftvollen Männern und ihren Taten mit Bewunderung spricht. Wir staunen über die Bauten, die Kirchen und Klöster, die Burgen und den Schmuck der alten Städte, welche jene Zeit hervorgebracht, während sie doch an technischen Hilfsmitteln gar arm gewesen und keine Ahnung hatte von den Maschinen und Erfindungen aller Art, womit wir heutzutage so leicht arbeiten. Wir fragen: Wie ist es möglich gewesen, damals und auf jener Stufe der Bildung, auf die wir herabzusehen gewohnt sind, solche Schöpfungen zu erstellen? Der große Künstler, welcher den gotischen Dom entwarf, der Maler, welcher unvergängliche Werke schuf, der Bildhauer, sie alle wurden damals wie heutzutage mit ihren hohen Anlagen geboren und suchten die Wege, sie auszubilden. Aber wie fanden sich die Tausende emsiger Hände, mit denen auch nur diese Steinmassen, deren es bedurfte, herbeigeschafft werden mußten? Schon diese Frage führt uns in eine Nachtseite des Mittelalters: die Leibeigenschaft, die Hörigkeit, die Frondienste, mit deren Aufgebot die stolzen Ritterburgen und manch andere Bauten unter tausendfachen Bedrückungen des armen Volkes sich erhoben.

Und doch war das nur ein kleiner Teil des Drucks, unter welchem unsere Vorfahren vielfach gehalten wurden. Da und dort werden uns alte

Türme gezeigt, Foltertürme, ausgestattet mit den entsetzlichsten Werkzeugen, um den menschlichen Leib langsam zu zerfleischen. Dann wieder: Drudentürme, d. h. Hexentürme, in deren schauerlichen Verliesen die unschuldigen Opfer des Aberglaubens schmachteten, Folter und Tod erwartend.

Aber verweilen wir zunächst noch bei den Ritterburgen.

Wenn heutzutage dem Reisenden von kühnen Bergesgipfeln malerische Burgruinen winken und er sich in die Romantik der Ritterzeiten zurückträumt, so hat er meist keine Ahnung von dem Jammer und Elend, womit die übermütigen Adelsgeschlechter, welche auf jenen Burgen gehaust, Land und Volk umher in den Jahrhunderten des Faustrechts und der willkürlichen Fehden gequält haben. Ein kundiger Führer zu diesen Ruinen (Usener, *Beiträge zu der Geschichte der Ritterburgen und Bergschlösser in der Umgegend von Frankfurt a. M.*) hat aus den Frankfurter Archiven über die Taten und Schicksale jener Geschlechter und Gauen anschauliche Mitteilungen gemacht. Da ist z. B. die Burg Eppstein, seit dem 12. Jahrhundert der Sitz mächtiger Dynasten. Die Eppsteiner hatten im Jahr 1416 eine Fehde mit dem Grafen Adolf von Nassau. Dieser verbrannte die Dörfer Delkelnheim, Breckenheim, Oberweilbach, Niederweilbach und die Höfe Mechtelnshausen und Harzach. Die Eppsteiner vergalten es reichlich; sie verbrannten alle Orte um Wiesbaden, Kale, Mosbach, Schirstein, Bibrich, Neurade, Klappheim, Erbenheim, Niederhaus, Michelbach,

Breidhard, Strintz und andere. – Von den Schloßruinen in Vilbel (eine Meile von Frankfurt a. M.) wird berichtet, daß dort seit Anfang des 13. Jahrhunderts ein Rittergeschlecht blühte. Jm Jahr 1399 hatten die Ritter von Vilbel ihre Burg befestigt und wußten von da aus Zoll und Weggeld zu erpressen und die Gegend unsicher zu machen, bis die Stadt Frankfurt mit ihren Verbündeten das Schloß eroberte und zerstörte. Doch wurde es wieder aufgebaut, und nun erscheinen die Herren von Vilbel als gefürchtete Wegelagerer, die bald da, bald dort einen wehrlosen Kaufmann berauben. Ein Bechtram von Vilbel, „ein kühner, unruhiger Mann", wurde wegen seiner Räubereien, die er auf offener Straße verübte, von den Söldnern der Stadt Frankfurt endlich mit seinen zwei Knappen gefangen genommen und folgenden Tages, am 27. August 1420, hingerichtet. „Auf der sogenannten Schütt vor dem Bockenheimer Tore war ein schwarzes Tuch hingebreitet, ein Kruzifix, zwei Lichter, Totenbahre und Sarg standen zur Seite. Dieses betrachtend und ohne sich die Augen verbinden zu lassen, wird Bechtram enthauptet. Die beiden Knappen wurden an gewöhnlicher Richtstätte hingerichtet." Aber die Fehden und Gewalttaten hatten ihren Fortgang. In einer solchen Fehde eines Hans Walbrunn gegen die Stadt Friedberg im Jahr 1448 wurden in dieser Stadt sechshundert Häuser niedergebrannt.

Eine andere in jener Reihe der fehdelustigen ist die Burg Reißenberg in der Nähe des Feldbergs, des höchsten Gipfels am Höhe-Gebirg. Die Reißenberger gehörten zu den ältesten und angesehensten Rittergeschlechtern der Gegend. Mit dreifachen Mauern war die Burg umgeben und ihr Turm ragte wohl dreißig Meter über den Fels empor. Aber was erzählen diese Ruinen? Auch sie waren Zeuge von vielen Fehden, Wegelagerung und dergleichen. Namentlich haben die Ritter in ihren Fehden der Stadt Frankfurt manches Leid zugefügt. So wird berichtet: „Walther von Reißenberg trieb am 7. Juli 1406 den Frankfurtern zweiundzwanzig Hammel weg und beraubte die Messkaufleute; Philipp von Reißenberg ward am 24. Oktober 1410 der Stadt Feind und überfiel im Jahr 1411 zwei Bürger aus Frankfurt, die in eignen Geschäften ritten, bei Cloppenheim und nahm ihnen das ihrige. Zu gleicher Zeit nahm er zwischen Dortelweil und Gronau zwei Einwohner aus ersterem Ort gefangen, beraubte und brandschatzte sie. In Gronau verbrannte er das Frankfurter Eigentum u. s. f." Erst im Jahr 1419 gelang es dem Erzbischof von Mainz, diese Fehde zu begleichen. Aber bald brachen die Zwistigkeiten von neuem los. Die Ritter trieben der Stadt das Vieh weg, fingen Bürger und Knechte, plünderten, verbrannten ein Dorf. „Dies alles geschah aus dem Schloß Reißenberg."

Nicht weit von Reißenberg erheben sich die Trümmer der Burg Hattstein. Schon im Jahr 1379 mußte „wegen der Übergriffe und Missetat, die aus der Festen Hatzstein und darin geschehen" die Burg von den Städten Mainz, Frankfurt, Friedberg und mehreren Reichsfürsten „von Landfriedens wegen" belagert werden. Sie wurde erobert und die Hattsteiner verpflichteten sich, ihre Erben und Nachkommen, daß „aus Hattstein oder darin, auf Straßen, auf Wasser oder auf Lande kein geistlicher Mann, Pilgrim, Kaufmannschaft, Juden noch andere unschädliche Leute immer sollen angegriffen oder geschädiget werden." Wer dagegen handelt, soll „damit treulos, ehrlos, meineidig und in des Reichs Acht sein." Allein die Ritter setzten sich über alle Verträge und Landfrieden weg, versuchten fortan in Fehden ihr Heil, und kein Jahr verging mit ihnen in Ruhe. Aus der Burg Hattstein wurden ungescheut die gewohnten Räubereien fortgetrieben. Wiederholt und im Jahr 1399 auf Befehl des Landvogts am Rhein wurde die Burg belagert. Während einer dieser Belagerungen wurde das Dorf Arnoldsheim geplündert, Kirche und Schule verbrannt. Keine Mittel, auch der Landfrieden nicht, waren hinreichend, das Unwesen zu steuern. Besonders Frankfurt war den fortgefetzten Gewalttätigkeiten der Ritter ausgesetzt, die mit ihrer Raubsucht oft die ausgesuchtesten Grausamkeiten gegen wehrlose Gefangene verbanden. Wegen der fortgesetzten „große viel und mancherlei Rauberei, Schinderei, Mord und Brände", von den Hattsteinern begangen, schritt der Rat der Stadt Frankfurt abermals zu Fehde und Belagerung, im Jahr 1429, doch ohne Erfolg. Das Unwesen wurde immerhin fortgetrieben: Klöster, Dörfer, Land und Leute empfanden die Raubsucht der Hattsteiner. Im Jahr 1430 fing Konrad von Hattstein einen wehrlosen Mann, brandschatzte ihn und warf ihn ins Gefängnis, wo er wahnsinnig wurde und starb. Einen Bürger von Assenheim mißhandelte er auf gleiche Weise; lebenslang blieb derselbe lahm. Einen anderen Mann, den Konrad der Junge fing, ließ er unter nichtigem Vorwand ermorden. „Glaube, Recht und Treue schien in dem Geschlecht erloschen." Abermals verbündeten sich die benachbarten Fürsten und Städte im Jahr 1432 und sandten am 2. August „bei Sonnenschein und schönem lichtem Tag" die Fehdebriefe in die Feste, die sie am folgenden Morgen berennen und stürmen ließen und noch desselben Tages eroberten.

Diese Beispiele ritterlichen Treibens, welche Usener aus dem Umkreis weniger Meilen zusammenstellt, ließen sich durch zahllose ähnliche aus der Geschichte der Ritterburgen in allen deutschen Gauen vermehren, und welch unermeßliche Last von Gewalttat und Elend ist von ihnen auf Tausende wehrloser Menschen gehäuft worden!

Während der arme Mann, wenn er auch nur einen kleinen Diebstahl verübte, am Galgen büßen mußte und seine Verbrechen mit den grausamsten Strafen verfolgt wurden, wußte sich der mächtige Räuber, der Ritter, welcher, wie man es nannte, „sich auf Reute verlegte" oder „vom Sattel" oder „vom Stegreif lebte", jeder gerichtlichen Ahndung zu entziehen. Da mußte hie und da der Kaiser selbst einschreiten. So hat einst Rudolf I. auf einem Zuge nach Thüringen neunundzwanzig ritterliche Landfriedensbrecher aufknüpfen und sechsundsechzig Raubschlösser zerstören lassen und ebenso auf einem Zuge nach Schwaben bei Calw fünf Raubschlösser zerstört. Aber im ganzen wurden nur selten solche Exempel statuiert. Denn der deutsche Kaiser, sehr häufig selbst in Kriegszüge oder Fehden verflochten, fand wenig Zeit und hatte meist nicht einmal die Macht, den Frieden im Lande gegen solche Übergriffe des Ritterwesens zu wahren.

Dazu kam, daß die Fehde im Mittelalter auf einem allgemein anerkannten Recht beruhte, dessen Grenzen nur freilich sehr vielfach weit überschritten wurden. Um dieses Fehderecht in seinem Wesen richtig aufzufassen, ist es nötig, auf die altgermanischen Rechtszustände zurückzublicken. Hier war der Staatsverband im Sinne des heutigen Staatsrechts noch gar nicht vorhanden, oder doch nur ein sehr mangelhafter. Es war zumeist dem einzelnen überlassen, sich wegen erlittener Verletzung Genugtuung zu verschaffen. Nur die Sitte, gestützt auf ihre Handhabung durch die Volksgenossen, schuf gewisse Ordnungen, welche späterhin auch dem geschriebenen Recht, den Gesetzen, einverleibt wurden.

Nach dieser altgermanischen Auffassung hatte derjenige, welcher böswillig einen anderen verletzte, mit diesem den Frieden gebrochen, sich mit ihm in einen Kriegsstand gesetzt. Dabei hatte der Verletzte seine Familie und seine Freunde und Genossen zur Seite, und sie hatten seiner sich anzunehmen. Sie konnten nun gegen den Friedbrecher Fehde erheben und in seinem Blute Genugtuung suchen und damit dem Verletzten wieder Frieden verschaffen. Doch galt dies Fehderecht nur bei wissentlicher Verletzung; wer bloß durch fahrlässige Handlung eines anderen geschädigt war, konnte in der Regel lediglich eine „Buße" in Geld beanspruchen. Überdies war die Ausübung des Fehderechts noch an gewisse Schranken gebunden, so z. B. durfte in seinem Hause kein Befehdeter angegriffen oder verfolgt werden. Auch konnte der König dem Befehdeten seinen Königsfrieden erteilen und dadurch ihn gegen die Fehde schützen.

Verschieden von diesem altgermanischen ist das mittelalterliche Fehderecht, welches späterhin in seinen Ausartungen zum Faustrecht, zur Herrschaft roher Gewalt, geführt hat.

Als nämlich seit Karl dem Großen der Staatsverband überall ein festerer wurde, mußte die Staatsgewalt sich auch als Strafgewalt entschiedener ausprägen. War doch die gesamte Rechtsordnung, die öffentliche Sicherheit und der allgemeine Frieden (im germanischen Sinn) durch ein schweres Verbrechen, durch Brand, Raub, Mord, offene Gewalttat verletzt und daher nicht bloß der verletzte Einzelne, sondern der Staat selbst in der Lage, Genugtuung zu fordern, eine Genugtuung, welche in öffentlicher körperlicher Strafe an Leib oder Leben des Missetäters bestehen mußte. Daß der Staat gegen Verbrecher mit Strafe einzuschreiten habe, war zugleich eine Anforderung der Kirche, welche immer größere Macht auch in weltlichen Dingen erreichte; sie aber lehrte, daß die Obrigkeit das Schwert führen und damit Strafe gegen die Bösen vollziehen solle. Stets aber war das Einschreiten des Gerichts durch Klage von seiten des Verletzten oder seiner Angehörigen bedingt.

Nun wäre es allerdings konsequent gewesen, das Fehderecht völlig abzuschaffen und jede Selbsthilfe des Verletzten und seiner Genossen gesetzlich zu verbieten. Allein dem standen zwei Umstände entgegen. Noch war die altgermanische Anschauung im Volke mächtig, welche es zu den wichtigsten Rechten des freien Mannes zählte, sich wegen erlittener Verletzung selbst die Genugtuung zu nehmen. Sodann wäre ein Verbot der Fehde nur unter der Voraussetzung durchführbar gewesen, daß die Strafgewalt des Staates bei allen Verbrechen hätte einschreiten können. Dazu aber fühlte sich der Staat nach den damaligen Verhältnissen zu schwach. Häufig konnte der Verbrecher im Vertrauen auf seine und seiner Verbündeten Macht jeder richterlichen Ladung Trotz bieten und sich dem Vollzug des Urteils entziehen.

Es konnte sich also nur um Einschränkung und gesetzliche Regelung des Fehderechts handeln, zunächst in der Richtung, daß nur noch wegen schwerer Rechtsverletzungen Fehde erhoben werden durfte; solche Verbrechen hießen fortan Friedensbruchsachen. Die Reichsgesetze, in welchen bezügliche Normen gegeben wurden, sind die sogenannten Landfrieden.

Aber die Gesetzgebung ging im Verlauf der Zeit noch weiter. Und damit wurde die entscheidende Wendung vollzogen, an die Stelle des altgermanischen ein ganz anderer Grundsatz gestellt. Der Verletzte sollte zunächst den ordentlichen Richter angehen und auf dem Weg der Klage die Bestrafung des Verbrechers und eben damit seine Genugtuung für die erlittene Verletzung suchen. Die Strafen, welche in Anwendung kamen, waren meist überaus hart und grausam. Aber sie konnten in vielen Fällen nicht erkannt oder nicht vollzogen werden, weil das Gericht des Angeklagten nicht habhaft zu werden vermochte. Für solche Fälle nun mußten auch Kaiser und Reich ein Recht zur Selbsthilfe anerkennen und die Fehde zulassen. Konnte der Richter dem Verletzten nicht Recht schaffen, so durfte dieser sich selbst Genugtuung nehmen und zwar auf dem Wege der Fehde. In diesem Falle, und nur in diesem Falle, war die Fehde eine rechtmäßige, ohne daß übrigens fernerhin zwischen groben und leichten Rechtsverletzungen unterschieden worden wäre. Aber auch die rechtmäßige Fehde wurde an gewisse Formen und Beschränkungen gebunden, um teils die Lage des dadurch Bedrohten zu erleichtern, teils die öffentliche Ruhe zu sichern. Es sollte dem Gegner – so forderte es ja schon der Grundsatz ritterlicher Ehre – Zeit gelassen werden, sich aus Gegenwehr zu rüsten, und Bedenkzeit, ob er nicht dem Verletzten Abfindung und anderweitige Genugtuung geben möchte. Es mußte also der wirklichen Fehde eine Ansage vorhergehen. Diese geschah in einem Fehdebrief, den ein Bote bei Tag in die Wohnung des zu Befehdenden bringt. In dem Fehdebrief benennt der Fehdelustige seinen Gegner und sich und in der Regel auch den Grund der Fehde, erklärt, daß er des anderen Feind sein wolle, und verwahrt seine Ehre wegen aller Folgen durch den offenen Absagebrief.

So bestimmt schon der Reichsabschied von Nürnberg vom Jahr 1187: „Wir setzen auch und bestimmen durch dieses Edikt, daß, wer einem andern Schaden zuzufügen und ihn zu verletzen beabsichtigt, ihm mindestens drei Tage vorher durch eine sichre Botschaft absagen soll. Würde der Verletzte in Abrede ziehen, daß ihm vorher abgesagt worden sei, so soll der Bote, wenn er noch lebt, schwören, daß er von seiten seines Herrn zu bestimmter Stelle und Zeit abgesagt habe; ist der Bote tot, so soll der Herr in Verbindung mit zwei wahrhaften Männern schwören, daß er ihm abgesagt habe."

Der kaiserliche Landfriede von 1235 sagt: „Was auch jemandem widerfahre – daß er das nicht räche! Er klag es seinem Richter, es sei denn, daß er sich zur Not muß wehren seines Leibes und seines Gutes. Wer seine Klage aber anbringt: Wird ihm nicht gerichtet, und muß er durch Not seinen Feinden widersagen, – das soll er thun bei Tage, und von dem Tage an bis an den vierten Tag soll er ihm keinen Schaden thun, weder an Leib, noch an Gut; so hat er drei Tage Frieden."

Endlich schrieb der Reichsabschied von 1442 vor: „Niemand soll dem andern Schaden thun oder zufügen, er habe ihn denn zuvor zu gleichen billigen landläufigen Rechten (d. h. vor Gericht) erfordert (im Weg der Klage), und wenn ihm solches Recht vielleicht nicht so bald, als er wollte oder begehrte, gedeihen oder widerfahren möchte: So soll er dennoch seinen Gegner nicht angreifen oder beschädigen, er habe denn vorher alles das völlig und ganz gethan und vollbracht, was Kaiser Karls IV. goldne Bulle enthält und ausweist."

Damit in Ausübung des Fehderechts nicht Ausschreitungen zum Schaden von dritten Unbeteiligten und Störungen des allgemeinen Verkehrs vorkommen möchten, hatten gewisse Personen, Orte und Gegenstände ihren besonderen Frieden und durften in keiner Weise aus Anlaß einer Fehde geschädigt werden. Solchen Frieden hatten Geistliche, Pilger, schwer Kranke, Kaufleute und Fuhrleute, Weingärtner und Ackerleute mit ihren Geräten, Kirchen und Kirchhöfe.

Eine weitere Schranke in Ausübung des Fehderechts lag in dem von der Kirche eingeführten Gottesfrieden. Kraft desselben mußte an gewissen Festtagen und in jeder Woche von Mittwoch abend bis Montag früh jede Fehde ruhen. Dieser Gottesfrieden wurde allwöchentlich besonders eingeläutet. Wer ihn verletzte, fiel in den Kirchenbann, und wenn er sich aus diesem nicht in gewisser Frist lösen konnte, in die Reichsacht.

Wer nun gegen diese gesetzlichen Normen handelte, wer Fehde begann, statt seine Sache vor Gericht zu bringen, oder in Ausübung des Fehderechts jene Schranken übertrat, der hatte den Frieden gebrochen; er war Landfriedensbrecher und mit der Strafe des Stranges bedroht.

So lautete die gesetzliche Vorschrift. Aber ganz anders sah es im wirklichen Leben aus. Den deutschen Adel des Mittelalters beseelte eine unbändige Rauflust und die vielen Kriege nährten auch in anderen Kreisen die Neigung zu allerlei Gewalttat. Sehr oft diente das Fehderecht zum Vorwand, räuberische Absichten zu verfolgen. Viele Fehdebriefe aus jener Zeit erwähnen gar nicht einen besonderen Grund der Fehde, sondern enthalten eben die nackte Erklärung, daß man des anderen Feind sein wolle. Selbst gegen wohldisziplinierte Reichsstädte, in denen doch gewiß Justiz zu erlangen war, wurden noch im 15. Jahrhundert Fehden begonnen. So lautet z. B. ein Fehdebrief an die Reichsstädte Ulm und Eßlingen vom Jahr 1452 so: „Wisset Ihr Reichsstädte, daß ich Claus Dur von Sulz und ich Waidmann von Deckenpfronn, genannt Ganser, und ich Lienhard von Bercken, genannt Spring ins Feld, Euer und aller der Eurigen Feind sein wollen, von wegen des Junker Heinrich von Isenburg. Und wie sich die Feindschaft fürder macht, es sei Raub, Brand oder Totschlag: So wollen wir unsre Ehr mit diesem unserm offnen besiegelten Brief bewahrt han."

Selbst wenn die Fehde einen rechtmäßigen Anfang hatte, mußte sie bei der Rohheit der Zeiten leicht zu den gröbsten Gewalttaten führen. Denn nun wurden die Güter des Gegners verwüstet, seine Gutsangehörigen und Hintersassen vergewaltigt, — und der arme Landmann mußte mit seiner Haut die Händel seines Gutsherrn bezahlen. Dieser letztere freilich nahm wieder Rache an den

Besitzungen des Befehdenden – allein was gewannen dadurch seine armen Leute? Ein Markgraf rühmte sich einst, er habe in seinen Fehden 170 Dörfer verbrannt!

Besonders ein Umstand war es, wodurch die Fehden der allgemeinen Sicherheit höchst gefährlich wurden. Es galt für erlaubt, sich der rechtmäßigen Fehde eines anderen anzuschließen. Da gab es nun viele Raubritter von Handwerk und viele verdorbene Leute, welche sich stets bereit finden ließen, auch die ungerechteste Fehde zu unterstützen und bei dieser Gelegenheit überall zu rauben und alle Gewalttat zu üben.

Diese Zustände eines allem Recht Hohn sprechenden Faustrechts wurden in ganz Deutschland als eine wahre Landplage empfunden. Und doch währte solche Herrschaft roher Gewalt und kräftiger Fäuste bis gegen Ende des fünfzehnten Jahrhunderts, nur wenig gezügelt durch den ritterlichen Sinn, durch einzelne energische Kaiser, durch den Einfluß der Kirche und durch die Entwicklung der Städte.

So war es einem Verbrecher nur gar zu leicht möglich, den Gerichten sich zu entziehen und sogar auch ihnen offen zu trotzen im Vertrauen auf seine Burg und auf seine und seiner Genossen Fäuste. Der Schwache und Wehrlose wurde unterdrückt und mußte alle Unbill über sich ergehen lassen.

Inmitten dieser anscheinend unentwirrbaren Rechtlosigkeit und gegenüber der Unmacht fast aller Gerichte sehen wir in Westfalen einfache

Volksgerichte, von Ungelehrten, meist Bauern besetzt, sich erheben, einen Hort des Rechts für jeden durch Verbrechen Geschädigten. Es sind dies die Vehmgerichte, welche bald mit unwiderstehlicher Macht ihrer Ladung und ihrem Richterspruch bis an die fernsten Grenzen des deutschen Reichs Geltung zu verschaffen wußten.

Immerhin aber war es ein ungesunder Zustand, wenn wegen Machtlosigkeit der einheimischen Gerichte der Freistuhl auf roter Erde auch von dem in anderen Gauen des Reichs Verletzten angerufen werden mußte. Es galt daher, das entartete Fehderecht völlig zu beseitigen. Dies geschah, zunächst freilich noch auf dem Papier, auf wiederholtes Anbringen der Reichsstände und Kaiser Maximilians I. im Jahre 1495 durch den sogenannten ewigen Landfrieden. Durch dieses Reichsgesetz wurde das Reichs-Kammergericht, welches für Ordnung und Frieden im Reich sorgen sollte, neu organisiert, das Fehderecht ganz aufgehoben und jede Fehde bei Strafe des Landfriedensbruchs verboten. Aber noch lange Zeit wurde das Verbot übertreten, so daß es Sprichwort war: Man traue dem Landfrieden nicht.

Die Gerichte gelangten allmählich zu größerem Ansehen und ausreichender Machtstellung. Aber im Strafverfahren selbst vollzog sich eine tief einschneidende Änderung. An Stelle des alten Anklageverfahrens schritt man mehr und mehr von Amtswegen ein. Für diesen inquisitorischen Prozeß bildete sich ein geheimes und schriftliches Verfahren. Den Beweis der Schuld suchte man vorzugsweise durch Geständnis des Verdächtigen zu erbringen. Und hierbei geriet man auf die folgenschwerste Verirrung, nämlich darauf, das Geständnis durch die Folter zu erpressen. In ihrer grauenhaftesten Ausbildung sehen wir die Folter Jahrhunderte hindurch in den Hexenprozessen gehandhabt.

Charakteristisch für die mittelalterlichen Zustände sind auch die schon oben berührten Strafarten in ihrer furchtbaren Mannigfaltigkeit. Auf eine sehr große Anzahl von Verbrechen war Todesstrafe gesetzt, und zwar nicht nur die einfache, durch Strang, Ertränken, Enthauptung, sondern in vielen Fällen eine geschärfte Todesstrafe: Rädern, Vierteilen, Pfählen, Verbrennen, Totsieden in Öl oder Wasser, Lebendigbegraben, Aushungern; ferner Todesstrafe mit vorhergehenden Schärfungen, wie Abhauen der Hand, Reißen mit glühenden Zangen. Vielfach fanden Anwendung verstümmelnde Strafen der grausamsten Art: Abhauen von Hand, Fuß, Abschneiden von Nase, Ohren, Lippen, Zunge; sodann Kerker in abscheulichen Löchern, mitunter lebenslang. Auf leichten Vergehen stand der sogenannte Staupenschlag, d. h. Aushauen mit Ruten durch den Henker oder Züchtigung mit Stockstreichen. Als beschimpfende Strafe war der Pranger in Übung. Dabei herrschte bei den Gerichten, in Ermangelung eingehender Gesetze, die größte Willkür in Erkennung und Vollzug der Strafen. Namentlich die Städte übten, um die öffentliche Sicherheit aufrecht zu erhalten, die grausamste Justiz, damit abschreckende Exempel statuiert würden und weil man meinte, gegen einen Verbrecher, als Feind des Gemeinwesen, sich alles erlauben zu dürfen.

Als endlich im Jahr 1532 ein Strafgesetzbuch für das deutsche Reich zustande kam, die peinliche Gerichtsordnung Kaiser Karls V., die sogenannte *Carolina*, fanden sich zwar die Gerichte in ihrer Willkür einigermaßen beschränkt, aber die grausamen Strafen und die Folter waren, wie es der Charakter jener Zeit mit sich brachte, auch in die *Carolina* übergegangen. Erst gegen Ende des 18. Jahrhunderts trat in dieser Beziehung eine durchgreifende Reform ein.

In welcher Weise die mittelalterliche Justiz zu verfahren pflegte, darüber geben namentlich die „schwarzen Register", „Achtbücher" und „Blutbücher", welche in den meisten Städten geführt wurden, Auskunft. Das „Achtbuch" bezieht sich auf die Ausgewiesenen und Flüchtlinge. Es mußte nämlich den Städten ganz besonders darum zu tun sein, schädliche und unruhige Leute loszuwerden. Sie wiesen sie deshalb aus, auf Zeit oder für immer; letzteres entweder geradezu oder in der Form einer Zeit, welche der Ausgewiesene nicht überleben konnte, z. B. auf 101 Jahre; und kamen Ausgewiesene vor der Zeit zurück, so wartete ihrer ohne weiteres harte Strafe, gewöhnlich die Todesstrafe. Oft begnügten sich die Gerichte selbst bei schweren Verbrechen mit der Ausweisung; man war doch den Menschen los; kam der Ausgewiesene unbefugt zurück, so konnte ihm schon deshalb wieder kurzer Prozeß gemacht werden: Es ging ihm dann an den Hals. So sagt ein Statut der Stadt Köln vom Jahr 1437 von einem solchen, der aus der Stadt verwiesen wird: „Kommt er wieder und ist es ein Mann, dem soll man sein Haupt abschlagen; ist es eine Frauensperson, die soll man lebendig begraben." Von einem solchen Verbrecher sagte man, er sei „auf seinen Hals verzellt", d. h. er wurde ausgewiesen und, kam er zurück, hingerichtet. Um nun aber dem Ausgewiesenen, wenn er zurückkam, zu beweisen, daß er „verzellt" sei, legte man besondere Achtbücher an. In diese Achtbücher wurden die Ausgewiesenen, aber auch sonst Geächtete und Anrüchige eingetragen. In Koblenz wurde im Jahr 1317 ein Buch angelegt, in welches gröbere Verbrecher eingetragen werden sollten, um sie, wie es im Buche heißt, „vom guten Bürger unterscheiden und ihnen das, was sie verdienen, seinerzeit zukommen lassen zu können". In diesem Buche werden nun der Verbrecher und sein Verbrechen kurz angeführt und bei denen, welche, wenn man sie ergreifen würde, der Todesstrafe gewärtig sein sollten, bloß ein Kreuz gemacht.

In dem Blutbuche von Basel steht unter dem Jahre 1358: „Zöpfler soll fünf Meilen von der Stadt nimmermehr sein wegen des bösen Leumunds, der auf ihm ist, und breche er's, so soll man ihn ohne Gnade ertränken". Ferner: „Der Salzschreiber Konrad von Ulm soll ewiglich leisten (d. h. verbannt sein), und wenn er sich dennoch betreten läßt, so soll man ihm ohne Urteil das Haupt abschlagen." Ferner: „Niklas soll ewiglich für eine Meile leisten (d. h. eine Meile weit verbannt sein), weil er falsche Gulden in die Stadt gebracht hat; breche er das, so soll man ihn in einem Kessel sieden."

Häufig führte man in den Blutbüchern ein fortlaufendes Verzeichnis aller vom Gerichte gefällten Urteile, ein Verzeichnis, welches man wohl das „schwarze Register" nannte. Selbst für diejenigen, die nur ein geringeres Verbrechen begangen hatten und mit leichter Strafe davonkamen, war es mißlich, in einem solchen Register zu stehen, weil jeden, der in dem Register stand, oder der, wie man es auch ausdrückte, „an den Brief gesetzt" war, die Nachteile des Übelberüchtigten trafen, und es erklärt sich daraus wohl unser sprichwörtlicher Ausdruck: „im schwarzen Register stehen". Mit diesem schwarzen Register wurde nicht selten grober Mißbrauch getrieben, indem man wegen sehr geringer Vergehen leicht in dasselbe kommen konnte, und die Urkunden jener Zeit haben uns manche bittere Klagen einzelner Bürger darüber, daß sie wegen unbedeutender Veranlassung ins schwarze Register gesetzt und dadurch in Unglück gestürzt wurden, aufbehalten.

In manchen Orten wurden besondere Register über besondere Verbrechen geführt, so z. B. in Basel im Jahr 1416 ein sogenanntes Totenbuch angelegt, in welches jeder Meineidige und Eidbrüchige eingeschrieben werden sollte, „daß er ewiglich ein verworfener Mensch sei, aller Ehre und Ämter entsetzt, zu keinem Zeugen genommen und ein Jahr verwiesen sein soll."

Jene Blutbücher nun geben über die Strafen, welche vom 13. bis zum 16. Jahrhundert in Anwendung kamen, sehr interessante Aufschlüsse. So findet sich in einem derartigen Buch, welches die Stadt Freiberg im Jahr 1423 anlegte, ein „schwarzes Register" von solchen, die „auf ihren Hals verzellt" wurden, d. h. in der Art in die Acht erklärt, daß, wenn man ihrer habhaft würde, sie unbedingt hingerichtet werden sollten, und dieses Verzellen auf den Hals kommt bei den verschiedensten Verbrechen vor, selbst bei sehr geringfügigen, bei solchen Übertretungen und Vergehen, die man heutzutage bloß polizeilich ahnden würde. So heißt es z. B. in jenem Buche: „Die Richter haben lassen verzellen Opatz Vogeler auf seinen Hals, darum, daß er freventlich Bier geschenkt hat, und da die Richter nach ihm sandten, da wollte er nicht kommen. Item die Richter lassen verzellen Himmelblau darum, daß zwei Messer bei ihm begriffen, und die doch verboten sind, auf seinen Hals." Ferner: „Die Richter haben lassen verzellen Hans Rodenstock auf seinen Hals, darum, daß er bei Nacht aus der Gasse geschrieen: Wasser her, daß die Leute darob erschrocken sind und wollten meinen, es wäre Feuer." Ferner: „Unsere Herren lassen verzellen Burkhardt Nickel darum, daß er ein brennendes Faß auf seinem Haupt vom Markt bis in die Weingasse getragen hat." „Item meine Herren lassen verzellen den jungen Stroll darum, daß er am Charfreitag zu Wein gesessen und unziemliche Worte daselbst getrieben, auf seinen Hals."

Die Blutbücher geben in schauerlicher Kürze Kunde von den erkannten und vollzogenen harten Strafen. Namentlich wurde die Todesstrafe sehr häufig mit grausamen Schärfungen in Anwendung gebracht. So finden wir die Strafe des Siedens (bei lebendigem Leibe) bald in Öl, bald in Wein, bald in Wasser nicht selten erkannt und vollzogen; ebenso eine der härtesten Strafen: das Lebendigbegraben und das Pfählen (wobei dem Verurteilten ein spitzer Pfahl ins Herz gestoßen wurde), oft noch mit Schärfungen, z. B. daß dem Gepfählten glühende Kohlen unter den Leib gelegt wurden. Besonders häufig finden sich diese Strafen, namentlich das Lebendigbegraben, gegen Frauen angewendet, (auch mit der Schärfung, daß der Delinquentin eine Dornhecke auf ihren Leib gelegt und sie nun mit Erde beschüttet werden soll) bei Verbrechen, auf welche für Männer der Strang oder das Schwert gesetzt war. So setzt z. B. das Lübecker Recht vom Jahr 1266 fest, daß jede Frauensperson, welche einen mit dem Strang bedrohten Diebstahl begeht, lebendig begraben werde; und daß dieses Recht Jahrhunderte lang streng angewendet wurde, beweisen die Blutbücher von Lübeck. Urteile, wie folgendes, sind in denselben sehr häufig: „Anna Pipers, gebürtig von Wittenberg, hat bekannt, daß sie stahl einen Frauenrock, darum ist sie lebendig begraben unter dem Galgen." Sogar nachdem im 16. Jahrhundert ein neues Lübecker Stadtrecht das Lebendigbegraben überging und bestimmte, daß Weibspersonen wegen Diebstahls mit dem Schwert gerichtet werden sollen, findet es sich doch noch später in dem Blutbuche aus dem Jahre 1575 bis 1592, daß Weibspersonen lebendig begraben wurden.

Aus anderen Blutbüchern sieht man, wie diese Strafen allmählich abkamen. So heißt es in einem Nürnberger Blutbuche: „Als 1513 Meister Diepolt, der Henker, des Schellenklausen Tochter, eine Diebin, unter dem Galgen lebendig begraben sollte, hat sie sich so sehr gesträubet, daß sie sich die Haut an den Armen, Händen und Füßen so sehr aufgerissen, daß es den Henker sehr erbarmt und er den Rat gebeten, keine Weibsperson mehr also lebendig begraben zu lassen"; und wirklich wurde auch beschlossen, künftig die Weiber wegen Dieberei zu ertränken und ihnen etwa vorher die Ohren abzuschneiden, statt lebendig zu begraben. Bei diesem Ertränken der Weiber hat man es verschieden gehalten. Gewöhnlich wurden sie in einen leinenen Sack gebunden und in diesem ins Wasser geworfen; an manchen Orten aber warf man sie frei ins Wasser und dies gab dann nicht selten Veranlassung, sie zu begnadigen, wenn sie sich aus dem Wasser wieder herauszubringen wußten. So wurde z. B. nach dem Blutbuche von Basel im Jahre 1602 eine Kindsmörderin zum Ertränken verurteilt und in den Rhein geworfen; sie kam aber lebendig bei dem Thomastore aus dem Wasser heraus und die Juristenfakultät erklärte nun, daß sie ihre Probe bestanden habe, und so wurde sie mit der Vermahnung, sich ehrlich zu halten, heimgeschickt. Nach demselben Blutbuche von 1634 ging es wieder ebenso bei einer Kindsmörderin, welche, als sie lebendig aus dem Wasser gezogen worden, bei Strafe des Schwerts verwiesen wurde. Allein bei diesem Anlaß gab der Rat die Verordnung, daß künftig dergleichen malefizische Weibspersonen nicht mehr mit dem Wasser, sondern mit dem Schwert hingerichtet werden sollten.

Die Blutbücher des 15. Jahrhunderts zeigen, wie man verhältnismäßig geringe Vergehen oft mit den härtesten Strafen zu ahnden pflegte. So wurden z. B. im Jahre 1456 in Nürnberg zwei Krämer, weil sie den Safran, den sie verkauften, gefälscht hatten, mit ihrer Ware lebendig verbrannt und ein Weib, das ihnen geholfen hatte, lebendig begraben.

Auch von den verstümmelnden Strafen, Handabhauen, Ohrenabschneiden u. dergl., sind die Blutbücher jener Zeit voll. Oft wurden sie in ganz besonderer Weise erkannt. So verurteilte ein Holsteinisches Gericht im Jahr 1466 einen Mann, der die Jungfrau Maria gelästert habe, dahin, daß man ihm seine Zunge auf den Block annageln soll, bis er sich selbst freimache. Ein ähnliches Urteil enthält das Blutbuch von Lübeck aus dem Jahre 1566; es wurden zwei Männer, welche auf einen anderen bei Händeln das Messer gezückt hatten, verurteilt, daß „ihnen durch ihre linke Hand ein Messer geschlagen werden soll, welches sie selbst ausreißen mögen, und sie dann aus der Stadt verwiesen werden sollen, nicht wieder zu kommen, ohne der Obrigkeit Erlaubnis, bei Strafe des Strangs".

Noch grauenvoller wird das Bild, wenn wir zugleich die „peinliche Frage" wirken sehen; z. B. eine Frau wird auf falschen Verdacht, ein Stück Silberzeug einem Kaufmann entwendet zu haben, hervorgerufen durch eine übelwollende Nachbarin und andere böse Zungen, in Haft genommen. Sie weiß nichts zu gestehen. Die Anwendung der Folter wird zulässig erkannt. Im Bewußtsein ihrer Unschuld übersteht sie die ersten Grade. Das Gericht will ein Resultat. Der Henker wird angewiesen, daß er der Verdächtigen schärfer zusetze. Endlich mit zerbrochenen Gliedern, ihrer nicht mehr mächtig, gesteht sie alles, was man von ihr wissen will: Sie kann nicht mehr. Das Urteil lautet: Sie soll nach drei Tagen lebendig begraben werden. Wer kann die Schrecken dieser Todesart würdigen? Und welch entsetzliche Angst muß die Arme ausstehen! Es ist keine Rettung. Sie wird bei vollem Bewußtsein ohne Erbarmen lebendig begraben.

Dergleichen Beispiele von der Härte und Grausamkeit mittelalterlicher Justiz ließen sich viele anführen. Sie werden nur überboten durch die Schrecken der Hexenprozesse. Wie ganz anders, ein leuchtendes Vorbild echter Volksjustiz, erscheinen ihnen gegenüber die Vehmgerichte. Von beiden reden die folgenden Blätter.

Erste Abteilung.
Die Vehmgerichte.

Erster Abschnitt.
Zwei Erzählungen.[*]

I.
Auf roter Erde.

Die üppigen Kornfelder reiften der Ernte entgegen. Auf den stattlichen Bauerhöfen, unter dem Schatten der Eichen und Linden, entfaltete sich reges Leben. Es war zu Anfang Juli im Jahr 1425. Die hellstrahlende Morgensonne hatte schon den Tau von den Wiesen genommen, die Lerchen jubelten unter dem blauen Himmel.

Zwei Wanderer gingen raschen Schrittes auf der Landstraße zwischen Soest und Unna. Der ältere, Hermann Grote, ein stattlicher Bauer, etwa sechzig Jahre alt, der jüngere, Gerhard Struckman, Doktor der Rechte zu Soest, beide in eifrigem Gespräch. „Wenn Heineman Weffer", begann Struckman nach einer Pause, „den Johann Laske wirklich erschlagen hat, so wird wohl kein Zeuge dabei gewesen, er selbst aber der Tat nicht geständig sein. Dieser Mord hat viel Redens gemacht durch ganz Westfalen. Aber es wurden von der Obrigkeit keine weiteren Schritte getan, auch ist

---

[*] Die technischen Ausdrücke finden ihre Erklärung im zweiten Abschnitt.

kein Haftbefehl erlassen worden. Überall hieß es: Die Vehme wird's an den Tag bringen. In anderen Ländern würde man Verdächtige einkerkern, in hartem Gefängnis mürbe gemacht, durch die peinliche Frage zum Geständnis gemartert haben. Nichts von alledem. Man hat nur gehört, daß der Freistuhl auf Anklage eines Schöffen Ladung gegen den der Tat verdächtigen Weffer erlassen habe. Und – wird er sich stellen? Wird es zum Spruch kommen und zum Vollzug?" „Ihr seid ein Gelehrter", entgegnete Grote, „und haltet vielleicht nicht viel auf unseren Rechtsgang. Aber – folgt Weffer der Vorladung und wird er auf gichtigen Mund oder auf Eid des Klägers gerichtet, so scheint ihm die Abendsonne nicht mehr."

„Als ich", nahm Struckman nach einer Pause das Wort, „von meinen Studien und Reisen wieder in die Heimat kam, nachdem ich in anderen Ländern den Rechtsgang gesehen, da erkannte ich, daß unsere uralten Volksgerichte mit mehr Kraft und Erfolg für Recht und Gerechtigkeit wirken, als die geschriebenen Gesetze und die gelehrten Richter irgendwo es vermögen. Die heimliche Acht ist für jeden Unwissenden in undurchdringliches Geheimnis gehüllt, und doch tagt sie unter freiem Himmel bei lichtem Sonnenschein, hat keine bewaffneten Häscher, hat weder Gefängnis noch Folter. Aber es folgt die Ladung – und wenn er sie verachtet –, das Urteil dem Schuldigen vom Meer bis zu den Alpen, bis es ihn trifft, unfehlbar mit tödlichem Stoß. – Ich bin noch nicht Wissender, und es sei ferne, daß ich Euch mit unziemlicher Frage lästig werde. Indes könnt Ihr mir wohl sagen, ob es dem unwissenden Manne gestattet ist, dem offenen Ding anzuwohnen?"

„Auf diese Frage", erwiderte Grote, „will ich Euch gerne Bescheid geben. Das freie Gericht unter Königsbann handelt im offenen Ding über den Angeklagten, wenn er der Ladung gehorsamt und nicht selber ein Freischöffe ist. Weffer ist kein wissender Mann. Stellt er sich also ein, so bleibt allen Freien der Umstand unverboten. Im anderen Falle läßt der Freigraf durch den Freifrohnen die heimliche Acht entbieten, und welcher Unwissende danach im Umkreis des Freistuhls getroffen wird, hat sein Leben verwirkt. Ein mehreres darf ich Euch nicht sagen, denn jeder Schöffe muß der heiligen Vehme Heimlichkeit wahren. Wir sind jetzt am Königsweg, der zum Freistuhl führt. Nun mögt Ihr auf Euer eigen Abenteuer weiter gehen. Gehabt Euch wohl, gegen Abend mag sein, daß wir uns wieder treffen."

Mit diesen Worten verließ Grote seinen Begleiter und gesellte sich zu mehreren Hofbesitzern, die gleichfalls den Königsweg einschlugen. Auch sie waren Freischöffen. Bald hatten sie den Hügel erreicht, auf dessen Gipfel ein alter Hagedorn den steinernen Tisch überschattete. Der Tisch war auf drei Seiten von einer steinernen Bank umgeben. Auf dem Tische lagen ein blankes Schwert und ein von Weiden geflochtener Strick. Der Freigraf Cord Hake, ein bäuerlicher Mann von ehrwürdigem Ansehen, und die erschienenen Freischöffen, zwanzig an der Zahl, nahmen Platz. Der Freigraf richtete an den Freifrohnen die üblichen Fragen wegen der rechten Besetzung des Gerichts, der Befugnis des Freistuhls, den Königsbann zu üben, und der ordnungsmäßigen Ladung des Angeklagten; nach gegebener Antwort auf alle diese Fragen ließ der Freigraf den Ankläger und den Angeklagten wegen Ermordung des Johann Laske von Unna zum offenen gebotenen Ding aufrufen. Der Freifrohne verkündigte hierauf, daß als Ankläger erschienen sei Berndt Kopper, Freischöffe zu Unna, auch der Angeklagte in Person. Da nun, ließ der Freigraf ansagen, das Gericht über einen anwesenden unwissenden Mann zu halten obliege, so werde die Verhandlung im offenen Ding eröffnet und sei jedem freien großjährigen Manne der Zugang verstattet.

Lautes Murmeln durchflog den Umstand, die zahlreich sich herandrängenden Männer, die aus der Nähe und Ferne gekommen waren, – als Heineman Weffer, ein hagerer Mann von 30 Jahren mit stechenden grauen Augen und rotem Vollbart, kecken Schrittes auf den Freistuhl zuschritt.

Lautlose Stille lag auf der Menge, als der Freigraf dem Berndt Kopper das Wort erteilte und dieser nun vortrug, daß er kraft der allgemeinen Rügepflicht der Freischöffen Klage erhebe gegen Heineman Weffer. Dieser sei am Sonntag nach Ostern abends mit Johann Laske im Krug vor dem Walde gesessen bis der Mond aufgegangen und mit ihm aufgebrochen; zwischen beiden seien heftige Worte gefallen. Am anderen Morgen fand man den Laske im Wald erstochen, nicht weit von dem Toten ein Messer, welches Weffer kurz vorher in Unna gekauft habe. Weffer habe den Mord verübt. Übrigens weise auch das ganze Benehmen des Angeklagten auf seine Schuld; er sei nach der Tat ruhelos umhergelaufen und habe oft bei Nacht, wie von dem Hauswirt erzählt worden, laut aufgeschrien, offenbar von schwerer Angst gepeinigt. Als der Verdacht auf ihn gefallen und die Ladung der Vehme ergangen, da sei er stundenlang in dumpfes Brüten versunken und daraus wie in jähem Schreck wieder aufgefahren. Daß er nun heute persönlich erscheine, beweise keineswegs, daß er sich schuldlos fühle, sondern nur, daß er nicht zu entfliehen vermöge, wisse er ja doch, daß, wenn er nicht erschiene, er unfehlbar der Acht und dem Tode verfalle; nicht entfliehen lasse ihn aber auch der Zeuge im Innern, das belastete Gewissen. Kläger erbiete sich, seine Anklage nach allen Teilen mit zwei Eidhelfern zu beschwören, und sollte der Angeklagte dawider sechs Eidhelfer finden, so wolle Kläger die sieben Hände mit vierzehn Eiden echter Freischöffen niederlegen und überbieten.

Der Freigraf ordnete dem Angeklagten einen Vorsprecher aus der Zahl der Schöffen bei und forderte ihn auf, durch dessen Mund sich seines Lebens und höchster Ehre wegen zu verantworten. Weffer gab kurz und barsch die Erklärung, daß er völlig in Abrede stelle, der Tat schuldig zu sein, welcher man ihn aus arger Mißgunst zeihe.

Der Freigraf ließ ihm nun das Messer, welches in der Nähe des Ermordeten gefunden worden war, vorweisen und verlangte, daß Weffer dasselbe in seine rechte Hand nehme. Zögernd tat dies der Angeklagte, und in diesem Augenblick verließ ihn seine Fassung, – sichtlich erbleichte er –, doch gab er das Messer mit dem Bedeuten zurück, er habe dasselbe nie besessen.

Hierauf wurde dem Ankläger verstattet, nach Freistuhls Recht mit seinen zwei Eidhelfern unter Vorhalten des Schwertes feierlich zu beschwören, daß sie die Anklage für wahr und durchaus glaubhaft halten.

Der Kläger und der Angeklagte traten zurück. Der Freigraf bezeichnete den Schöffen Hermann Grote als Urteilsfinder. Dieser ging weg, gefolgt von den Freischöffen, mit denen er sich kurze Zeit beriet, dann wiederkam, und nachdem die Schöffen ihren Platz wieder eingenommen, sich bereit erklärte, das Urteil zu schelten. Die Schöffen erhoben sich und wiesen für Recht, und ihren Spruch verkündigte der Freigraf: daß man den Angeklagten Heineman Weffer solle nehmen und hängen ihn an den nächsten Baum zwischen Himmel und Erde.

Der Freigraf nahm den Weidenstrick vom Tische, übergab ihn dem Freifrohnen, dieser den beiden jüngsten Schöffen, und nun ergriffen sie den Verurteilten und führten ihn weg.

Nach kurzer Weile kam der Frohnbote wieder, legte einen neuen aus Weiden geflochtenen Strick zu dem Schwert auf den Tisch und der Freigraf eröffnete die Gerichtssitzung wieder. Zwei Boten des Freistuhls, welche eine Ladung zu überbringen gehabt, waren von den Bürgern einer kleinen

Stadt am Rhein ihres Auftrags wegen gefangen gehalten worden. Die Anklage wurde vorgetragen und als „Vehmwroge" erklärt, auch festgestellt, daß die Ladung an die angeschuldigten Bürger ordnungsmäßig ergangen und die Frist von sechs Wochen und drei Tagen verstrichen sei. Dreimal wurden die Beklagten aufgerufen, sie waren nicht erschienen. Das Gericht mußte versammelt bleiben und ihrer warten, bis die Sonne auf dem höchsten stand. Nun verwandelte sich das offene Ding in das Stillgericht, die heimliche Acht. Der Vehmfrohne entbot jedem unwissenden Manne, sich zu entfernen.

Als gegen Abend Grote den Heimweg angetreten, traf er am Königsweg auf Struckman, welcher ihn hier erwartete und seine Befriedigung über das, was er gesehen und gehört, aussprach. „Ich sah den verurteilten Weffer zwischen Himmel und Erde hängen, und ich weiß, daß die Vehme recht gerichtet hat. Mit solchen Gerichten ist Westfalen gut versorgt und Ihr bedürfet fürwahr nicht der Rechtsgelehrten und ihres Rates."

II.

Macht in die Ferne.

Im Oktober des Jahres 1429 wurde zu Nürnberg eine gar stattliche Hochzeit gehalten. Der Ratsherr Tucher verheiratete seine jüngste Tochter Mechtild an den Bürgermeister Pferinger von Nördlingen. Aus weiter Ferne kamen die Gäste herbei. Die Herbergen waren von Pferden und Reisigen besetzt. Denn in jenen Zeiten des Faustrechts schien es nicht geraten, ohne Bedeckung zu reisen. Besonders lebhaft war es in der Herberge „Zur goldenen Au". Sie lag dicht am Tor, wo die Landstraße nach Nördlingen einmündete. Der geräumige Saal faßte kaum die Gäste, die ihr Mittagsbrot heischten und dem Würzburger Weine, der hier verzapft wurde, tüchtig zusprachen. Viele von ihnen schienen Kaufleute zu sein.

An einem kleinen Tisch im Erker saß ein großer blonder Mann in bäuerlicher Tracht. Seine kleinen blauen Augen musterten mit scharfem Blicke die Gäste. Einer der Eintretenden schien seine Aufmerksamkeit auf sich zu ziehen. Er trug einen Jagdanzug und auf der Schulter die Büchse, die er an der Wand aufhing, und setzte sich nun dem Bauersmann gegenüber mit leichtem Gruß. Beiden wurde das Mittagessen vorgesetzt. Der Jäger nahm das Messer, welches neben seinem Teller lag, auf und legte es so, daß es mit der Spitze gegen seine Brust zielte, und sah dabei seinen Nachbarn an. Dieser legte in demselben Augenblick sein Messer in derselben Weise. Zwischen beiden entspann sich eine Unterhaltung. „Nach Eurer Kleidung zu schließen", sprach der Jäger, „seid Ihr nicht aus dieser Gegend." „So ist's", antwortete der andere; „ich komme vom Niederrhein und habe ein Geschäft hier in Nürnberg."

Beide verzehrten schweigend ihr Mahl und leerten ihre Krüge. Der Jäger stand auf und trat zu seinem Gewehr. Der andere folgte ihm, trat neben ihn, legte seine rechte Hand auf des anderen linke Schulter und sagte leise: „Ich grüß Euch, lieber Mann, was fangt Ihr hier an?" Sofort legte der Jäger gleichfalls die rechte Hand auf des Bauern linke Schulter und erwiderte, den anderen Gästen unvernehmbar: „Alles Glücke kehren ein, wo die Freienschöppen sein!" Darauf sprach der Jäger die Worte: „Strick, Stein", und der andere sagte dazu: „Gras, Grein."

„Erlaubt mir, daß ich Euch begleite", sagte der Bauer, und beide verließen den Saal und gingen schweigend ins Freie. Hier unter den Bäumen vor dem Tor nahm der Bauersmann wieder das Wort: „Es ist mir lieb, daß Ihr ein Wissender seid. Könnt Ihr hier abkommen?"

Darauf der Jäger: „Habe mich auch auf roter Erde zu Dortmund unter der Linde wissend machen lassen. Aber was ist Euer Begehr?"

„Ich heiße Konrad Oilpe, wohne ganze nahe bei Dortmund und habe eine Sache an den Kuntz von Schweinsberg. Falle Ihr den kennen möchtet?"

„Und ich bin Friedrich von Eberbach, ansässig zwei Stunden von hier auf Burg Eberbach. Den Schweinsberg kenne ich wohl und habe etlichemal ihn bei Gefreundten getroffen. Er ist kurzer Hand und macht nicht viel Worte."

„Ist Euch auch kund worden", begann Oilpe wieder, „daß Herr Kuntz vor nun gerade einem Jahr zwei Kaufleute auf offener Straße überfallen, den einen erschlagen, den anderen auf Lösegeld festgesetzt hat?"

„Habe davon vernommen", antwortete der von Eberbach. „Aber wie kommt Ihr an die Sache? Oder – sollte die heimliche Acht – ?"

„Will es Euch berichten", entgegnete Oilpe. „Herr Kuntz hat seinen Gefangenen drei Monate in einem abscheulichen Verlies festgehalten, bis endlich das Lösegeld – 300 Goldgulden – herbeigeschafft war. Danach hat der Eingekerkerte geklagt, aber gegen den mächtigen Raubritter kein Recht gefunden. Darüber ist er gestorben. Seine Witwe war mit einem Freischöffen verwandt und brachte die Sache vor den Freistuhl zu Dortmund. Sie wurde als Vehmwroge erkannt, die Ladung gegen den Angeklagten ausgefertigt und zweien Freischöffen überantwortet. Diese haben denn auch alsbald die Reise angetreten, und da sie zu Nürnberg vernahmen, es sitze der Angeklagte auf einem Schloß, darein man ohne Sorg und Abenteuer nicht kommen möchte; so sind sie bei Nacht vor die Burg des Kuntzen geritten und haben aus dem Rennbaum drei Späne gehauen und den Ladungsbrief in die Kerben gesteckt und dem Burgwächter zugerufen, sie hätten einen Königsbrief an das Tor gesteckt, und er sollte dem, der in der Burg ist, sagen, daß er seines Rechtstags warte an dem freien Stuhl bei den höchsten Rechten und des Kaisers Bann. Das habe denn auch der Burgwächter seinem Herrn berichtet mit großem Schrecken, der aber habe gespottet und gesagt: ‚Hans, meinst wohl, ich scheue die heilige Vehme? Die soll ihre Voten nicht wieder an mich schicken.' Nun, Ihr wisset, wie die Sache weiter verlaufen mußte. Der Geladene erschien nicht. Am letzten Termin hatte man auf ihn gewartet unter der Vehmlinde, bis die Sonne auf dem Höchsten gewesen. Als darauf der Freigraf gefragt, ob niemand von seinetwegen da sei, der ihn verantworten wolle zu seinem Rechte und seiner höchsten Ehre, und niemand vorgetreten, so wurde nun dem Beistand der Witwe gewiesen, daß er die Klage beweisen solle. Der hat denn auch sofort den feierlichen Eid geleistet auf des Freigrafen Schwert vor gespannter Bank mit zwei Eidhelfern, die beschworen, der Ankläger schwöre rein, nicht mein.

Es war aber zur gespannten Bank nicht bloß die nötige Zahl von sieben, es waren zwanzig Schöffen erschienen, und die haben einmütig auf des Freigrafen Frage das Urteil gesprochen, daß der Angeklagte der Tat schuldig sei. Darauf hat der Freigraf den Kuntz von Schweinsberg vervehmt und gerufen: Er weihe seinen Hals dem Stricke, seinen Leichnam den Tieren und Vögeln in der Luft, ihn zu verzehren, und befehle seine Seele Gott im Himmel in seine Gewalt, wenn er sie zu sich nehmen will, und setze sein Leben und Gut ledig, sein Weib solle Witwe, seine Kinder Waisen sein. Darauf hat der Graf genommen den Strick von Weiden geflochten und ihn aus dem Gerichte geworfen und allen Freischöffen geboten und sie bei ihren Eiden und Treuen, die sie der heimlichen Acht getan, ermahnt, sobald sie den vervehmten Mann bekommen, daß sie ihn henken sollen an den nächsten Baum, den sie haben mögen, nach aller ihrer Macht und Kraft.

Weil nun der Ankläger, der Freischöffe Niklas vom Steinhof, selber krank geworden und auf den Tod gelegen, hat er mir das Urteil der heimlichen Acht, vom Freigrafen ausgefertigt, zu vollziehen übergeben. Und so bin ich nun hier und ersuche Euch bei Eurem Eid, daß Ihr mir Beistand tun wollt!"

„Weigern darf ich's nicht", erwiderte Friedrich von Eberbach, „wiewohl es kein leichtes Werk sein wird. Auch müssen wir, wie Ihr wißt, noch einen Freischöffen suchen, da nur ihrer dreie miteinander nach Freistuhls Recht den Spruch vollziehen mögen."

Oilpe ergriff die Rechte des anderen und sagte: „Ich kann mich auf Euer Wort verlassen. Auch wißt Ihr, daß nach Freistuhls Recht, wenn ein Schöffe, den wir aufrufen, des Freigrafen Brief und Siegel sieht, er zur Hilfe verbunden ist, mag es auch gegen Freund und Bruder gehen. Ihr seid hier ortskundig. Sucht einen Wissenden, der uns guten Beistand leisten möge und Gelegenheit schaffen, daß wir den Vervehmten da antreffen, wo ein Baum in der Nähe ist."

„Ihr möget unbesorgt sein", erwiderte Friedrich. „Geht nur wieder in die Herberge zurück; dahin will ich Euch ein Brieflein senden und Euch bescheiden. Ich suche den Schweinsberg, gehe ins Tuchersche Haus, und ehe die zweite Nacht kommt, werden wir den vervehmten Mann fest machen."

Des anderen Tages hielt der Ratsherr Tucher eine Jagd im Forst an der Pegnitz. Unter einem Zelt lagerte die Gesellschaft zum Morgenimbiß in fröhlicher Stimmung. Die Hörner riefen zum Aufbruch – schon sah man einzelne Rehe am Rand der Wiese vorübertreiben. Der Ritter von Schweinsberg, ein starker rothaariger Mann, bestieg sein Pferd. Neben ihm hielt Friedrich von Eberbach. Beide ritten schweigend miteinander in den Wald. „Ihr wollt eine Sache mit mir ausmachen?" begann der von Schweinsberg. „Ich habe nicht lange Zeit." „So gestattet mir, daß ich noch zwei Männer rufe, die auch zur Sache gehören", erwiderte Friedrich und stieß plötzlich zweimal in sein Jagdhorn. „Ich ersuche Euch aber, mit mir abzusteigen, daß Ihr einen Brief lesen möget, der Euch nahe angeht."

In diesem Augenblicke traten zwei Männer eilenden Schrittes heran, Konrad Oilpe und der Ratsherr Tucher. Oilpe näherte sich dem von Schweinsberg, indes Friedrich zum Ratsherrn sich stellte. Oilpe zog das Vehmurteil hervor und hielt es dem von Schweinsberg unter die Augen. Dieser erblaßte, griff aber an sein Jagdgewehr und wollte sich zur Wehr setzen. Alsbald fand er sich von den ehernen Fäusten des Westfalen gepackt und an einen Baum gedrückt, daß er sich nicht zu rühren vermochte. Mit schäumendem Mund rief er: „Herr Ratsherr, schützt Euren Gast vor meuchlerischem Überfall!" Aber Tucher legte die Hand auf seinen

Arm und sprach: „Hier ist kein Verrat! Ihr seid der kaiserlichen Acht und dem Spruch der heiligen Vehme verfallen. Dawider kann Euch nicht die Stadt Nürnberg, noch ich als ein einzelner schützen. Auch bin ich als Schöffe dem Freistuhl pflichtig."

Und in demselben Augenblick hatte Konrad Oilpe den aus Weiden geflochtenen Strick zur Hand, legte ihn unter Handreichung Eberbachs dem Vervehmten um den Hals, und sie henkten den Mann an den Ast einer Eiche. Darauf zog Oilpe ein Messer hervor, das er neben den Geächteten in den Baum steckte.

Der Ratsherr aber ging zu seinen Gästen zurück und gab ihnen zu wissen, daß an der Eiche aus dem Niederbühl der von Schweinsberg durch die Vehme gerichtet sei.

Des anderen Tages führte der Bürgermeister von Nördlingen seine junge Frau heim. Der Ratsherr Tucher und einige Freunde des Hauses gaben ihm das Geleit bis zur nächsten Station. Hier sollte der zweite Frühtrunk genommen werden; die warme Herbstsonne lockte die Gäste auf die Wiese vor dem Wirtshaus. Da saßen auch Friedrich von Eberbach und Konrad Oilpe. Beide erhoben sich. Eberbach ging auf den Ratsherrn zu, bot ihm den Willkomm und sagte: „Es ist mir ganz erwünscht, daß ich Euch noch einmal treffe, so unlieb es mir und zumeist wohl Euch gewesen, daß ich bei der Hochzeit und dem gestrigen Jagen stören mußte. Daran aber trägt die Schuld mein Begleiter Konrad Oilpe, den ich Euch hier vorstelle und der mich zum Dank noch ein Stück Weges begleitet hat."

Tucher und Pferinger zeigten sich erfreut, einen Schöffen vom hochberühmten Dortmunder Freistuhl zu treffen und einen Vertrauten des angesehenen Freigrafen Konrad von Lindenhorst, konnten sie doch nicht wissen, ob nicht heute oder morgen die gewaltige Vehme auch über Nürnberg oder Nördlingen ihre Hand ausstrecken möchte.

„Noch habe ich ein besonderes Anliegen an Euch", sagte Tucher zu Oilpe. „Ich weiß, was es auf sich hat, Freischöffe zu sein, und wünsche, daß auch mein Schwiegersohn von der heimlichen Acht aufgenommen werde. Auch der Rat zu Nördlingen wünscht dasselbe. Nur hat Pferinger noch immer gezögert, nach Westfalen zu reisen, war auch unsicher, an welchen Freistuhl er sich wenden möge." Pferinger bestätigte das, und Oilpe bot ihm die Hand und sagte: „Nun, wohledler Herr Bürgermeister von Nördlingen, lasset es nicht länger anstehen. Wenn der Mai ins Land kommt, so wollet Ihr Euch aufmachen und nach Dortmund reisen; von da kommt Ihr in zwei Stunden auf meinen Hof und sollt als Gast willkommen sein. Ich führe Euch zum Freigrafen Lindenhorst, und die Sache wird bald im reinen sein."

Tucher forderte jetzt den Friedrich von Eberbach und Konrad Oilpe auf, noch mit der Frau Bürgermeisterin anzustoßen, die sich denn auch bald mit den Fremden im Gespräch befand. Als von der Reise Pferingers nach Westfalen die Rede war, meinte Eberbach scherzend, vorher müsse er sich versichern, ob seine junge Frau nicht neugierig sei, da er ja, wolle er wissend werden, mit hohem Eidschwur sein Leben verpfände, das Geheimnis der Vehme geheim zu halten „vor Weib und Kind, vor Sand und Wind." Aber die Bürgermeisterin entgegnete: Damit habe es keine Gefahr, dafür sei ihr Gemahl selbst Manns genug. Übrigens sei sie die Tochter eines Freischöffen und werde es für hohe Ehre achten, auch eines Wissenden Frau zu sein.

Zweiter Abschnitt.
Ursprung und Verfahren der Vehmgerichte.

Noch heute sind vielfach die abenteuerlichsten Vorstellungen von den mittelalterlichen Vehmgerichten verbreitet. Man erzählt schauerliche und unheimliche Geschichten, wie sie bei Nacht, in unterirdischen Gewölben oder im Waldesdickicht unter allerlei Vermummung und furchterregenden Gebräuchen ihre Sitzungen gehalten und mit grausamen Foltern und Strafen ihre Opfer gepeinigt oder ihre Gefangenen in entsetzlichen Kerkern hätten verschmachten lassen.

Mit dergleichen Phantasiegebilden übertüncht man noch immer eine der ehrwürdigsten und großartigsten Erscheinungen des deutschen Mittelalters.

Die Vehmgerichte waren altgermanische Volksgerichte, die unter freiem Himmel, bei lichtem Sonnenschein sich versammelten, auf Anklage freier Männer, auf freier Männer Eid oder freies Geständnis richteten. Sie hatten weder Kerker noch Folter, sie erkannten nicht auf die grausamen Strafen der mittelalterlichen Kriminaljustiz – sie hatten nur eine Strafe, die sie im ganzen deutschen Reich gegen jeden Vervehmten in Anwendung brachten.

Diese westfälischen Vehmgerichte sind in den Zeiten der allgemeinen Rechtsunsicherheit, da Faustrecht und Fehde in Deutschland walteten, ein mächtiger Hort des Rechts gewesen. Mit unwiderstehlicher Macht und Strenge, mit einer Gewalt, die an den fernsten Grenzen des deutschen Reichs den Schuldigen ergriff, übten sie Gericht mit mehr Kraft und Ansehen, als Kaiser und Landesherren es vermochten.

Mitglied der heiligen Vehme, Freischöffe, Wissender, Vehmgenosse zu sein, galt für die höchste Ehre des freien Mannes. Und wer es wagen mochte, der Ladung dieser Gerichte und ihrem Königsbanne zu trotzen, der war keinen Tag sicher, ob ihn nicht die vernichtende Wucht der über ihn ausgesprochenen Acht treffen möge.

Die Vehmgerichte in Westfalen führten ihre Einsetzung auf Karl den Großen zurück. Dieser habe die alten Volksgerichte, welche er dort vorfand, ausdrücklich bestätigt und ihnen den Königsbann, die höchste Gerichtsbarkeit über Leben und Tod, im Namen und aus Vollmacht des deutschen Königs und römischen Kaisers zu üben, erteilt. Auf diese Einsetzung, als ihr geheiligtes Recht, haben die Freistühle sich jederzeit berufen, selbst gegen die Landesherren und kaiserlichen Gerichte. In betracht dieses Königsbanns heißt noch jetzt der zum Freistuhl führende Weg an vielen Orten der Königsweg.

Manche wollen auf den Königsbann oder Blutbann, welchen diese Gerichte übten, auch den Ausdruck „rote Erde" zurückführen, welcher eben das von Freistühlen bedeckte Westfalen bezeichnete. Indes wird diese Bezeichnung vielfach ganz anders gedeutet: von den einen auf die rötliche

Farbe des eisenhaltigen Erdbodens, von anderen als Hinweisung auf die Gerichtsstätten unter freiem Himmel, so daß die „rote" Erde eben die „rohe, bloße" Erde besagen solle.

Die Vehmgerichte nannten sich Freistühle oder Freigerichte, weil sie das altgermanische Recht der Grundbesitzer, Gericht zu halten, sich unangetastet bewahrt hatten. Während nämlich im übrigen Deutschland, abgesehen etwa von den Reichsstädten, die landesherrliche Gewalt mehr und mehr bestrebt war, die alten Freiheiten zu beseitigen und namentlich die Gerichtsbarkeit allein zu üben, behielten die westfälischen Bauern ihr angestammtes Volksgericht und dessen Unmittelbarkeit unter Kaiser und Reich. Der Vorsitzende des Gerichts war kaiserlicher Bevollmächtigter, karolingischer Graf, und nannte sich, weil er das Grafenamt bei dem Gericht der Freigebliebenen übte, zur Auszeichnung vor anderen Grafen: Freigraf; und so hießen die Schöffen am Freistuhl: Freischöffen. Der oberste Stuhlherr, welcher die Gerichtsbarkeit dem Grafen zu Lehen gab, war der Kaiser. Doch übertrug er späterhin die Stuhlherrschaft an den Erzbischof von Köln, welcher fortan die kaiserliche Statthalterschaft über alle Freigerichte in Westfalen besaß.

Solcher Freistühle nun gab es in Westfalen eine große Anzahl. Sie standen meist an den uralten deutschen Malstätten, die schon Karl der Große vorgefunden, in der Regel unter einem alten Baum, einer Linde, einem Hagedorn (Beerboom) und dergleichen, auf einer Anhöhe, von wo aus der Freigraf nicht nur die den Stuhl zunächst umgebenden Schöffen, sondern auch den ganzen „Umstand" des Gerichts, d. h. die zum „Freiding" erschienenen Freien, übersehen und von ihnen gesehen werden konnte. Denn in vielen Fällen wurde öffentlich, ohne daß die „Unwissenden" sich entfernen mußten, gerichtet; und auch das heimliche oder „Stillgericht" tagte an dieser offenen Stätte, welcher dann freilich kein Uneingeweihter sich nahen durfte.

Auf der Malstätte stand gewöhnlich ein steinerner Tisch, welchen von drei Seiten eine steinerne Bank umgab. So wird noch heute unter der sogen. Vehmlinde zu Dortmund, einem der angesehensten Freistühle, der steinerne Tisch gezeigt, auf welchem das Dortmunder Wappen, ein Adler, eingehauen ist, und die Bank von Stein. Die Umgebung trägt noch den an den Königsbann erinnernden Namen: Königshof.

Auf diesem Tische lagen bei „gespannter Bank", d.h. wenn das Gericht gehalten wurde, vor dem Freigrafen ein blankes Schwert und ein Strick aus Weiden geflochten. Auf das Schwert wurden die Eide geleistet. Der Strick aber war das Mittel der Strafvollstreckung. Und damit hängt wohl auch die Benennung „Vehme" (so, und nicht: „Feme" schreiben die alten Urkunden) zusammen. Dieser Ausdruck wird nämlich abgeleitet von „vimen", welches soviel als „wyt", d. h. Weide oder Strang, bezeichnet. Der Verurteilte nämlich sollte mit einem aus Weiden geflochtenen Strang gehenkt werden. Auch der Baum, an welchem dies geschah, wurde „Wymen" oder „Vehmen" genannt. Denn die alten Vehmordnungen schreiben vor, daß die Freischöffen den Vervehmten sollen „hängen an des Königs Vemen, das ist an den nächsten Baum, der ihnen dazu bequem ist."

Vielfach begegnet man der Meinung, es hätte auch außerhalb Westfalens, selbst im südlichen Deutschland und in der Schweiz Vehmgerichte gegeben. Es ist dies aber ein Irrtum. Allerdings mochten in späteren Jahrhunderten einzelne Gerichte in anderen Gegenden mit dem Namen Vehmgerichte sich bezeichnen. Allein dies konnte nur durch Mißbrauch geschehen. Sie hatten weder die Vorrechte, noch die Verfassung der Freistühle, und es ist heutzutage außer Zweifel, daß es wirkliche Vehmgerichte nur in Westfalen gegeben hat und nach dem Gang der Geschichte hier allein geben konnte. Aber Freischöffen, d. h. solche, die unter die Genossen der Vehme aufgenommen waren und für den Vollzug der Urteile der Vehme zu sorgen hatten, gab es in ganz Deutschland. Und eben hierauf beruhte die große und geheimnisvolle Macht des heimlichen Gerichts.

Die Vehme wird häufig als ein großer über ganz Deutschland verbreiteter Geheimbund angesehen. Denn die Mitglieder hatten ihre geheimen Erkennungszeichen und waren verpflichtet, einander im Vollzug der Urteile Beistand zu leisten. Gleichwohl standen sie nicht miteinander in einer Verbindung jener Art. Allerdings aber lag die ungemeine und geheimnisvolle Macht der Vehme darin, daß sie durch Mitglieder, durch Schöffen in allen deutschen Ländern sich zu verstärken wußte. Jeder Freischöffe, wo er auch wohnen mochte, und nur ein solcher, konnte wegen eines verübten Verbrechens Klage vor einem westfälischen Freistuhl führen und ein Urteil desselben erwirken, ein Urteil, welches, wenn der Angeklagte sich nicht zu rechtfertigen vermochte, auf Acht und deren Vollzug mittelst des Stranges erging. War aber der Schöffe selbst angeklagt, so hatte er eine weit günstigere Stellung als der Nichtwissende; in den älteren Zeiten konnte er sich einfach vor dem Freistuhl losschwören; leistete er den Eid, daß er die Tat nicht begangen, so war er frei. Und auch als späterhin wegen Mißbrauchs dieses zu weit gehende Recht des Losschwörens in Abgang kam, war es doch immerhin dem Freischöffen viel leichter, eine freisprechende Sentenz zu erwirken, als dem Nichtschöffen.

Dazu kamen noch besondere Rechte der Schöffen, welche sie auch außerhalb Westfalens übten, namentlich das Richten auf handhafter Tat, wovon unten Näheres.

Endlich genoß der Freischöffe eines besonderen Schutzes, welcher mächtiger war, als selbst Kaiser und Reich ihn hätten gewähren können. Wer nämlich einen Schöffen, welcher namens der Vehme handelte, verletzte oder auch nur gefangen hielt, mußte der nachdrücklichsten Verfolgung der Vehme gewärtig sein und hatte sein Leben verwirkt.

All diese Vorrechte und die gefürchtete und angesehene Stellung, welche damit verbunden war, ließen das Schöffenamt höchst begehrenswert erscheinen. Die angesehensten Männer aus allen Ständen, selbst viele Reichsfürsten und mancher deutsche Kaiser scheuten nicht die Reise nach Westfalen, um sich dort vor einem Freistuhl „wissend machen zu lassen" und den Eid auf das Schwert des Freigrafen zu leisten. Selbst die mächtigen Reichsstädte legten großen Wert darauf, unter ihren Ratsherren einige Freischöffen der heiligen Vehme zu haben.

Wenn nun eine Ladung oder ein Urteil der Vehme erging, so war jeder Schöffe auf Anfordern eines anderen Freischöffen verbunden, zum Vollzug zu helfen. Und da bei dem Geheimnis, in welches die Vehmsache vor jedem Unwissenden gehüllt erschien, kein Schuldiger sicher sein konnte, ob nicht in seiner nächsten Nähe Freischöffen bereit seien, ihn zu fassen, so mußte diese Macht des heimlichen Gerichts in der Tat eine unwiderstehliche werden.

Häufig versuchten Städte und Landesherren vom Kaiser Privilegien dahin zu erwirken, daß ihre Angehörigen nicht vor einen Freistuhl geladen werden, sondern nur den einheimischen Gerichten unterworfen sein sollten. Solche Privilegien wurden dann wohl dahin erteilt, daß jene Ladung nur zugelassen werde, wenn der Kläger binnen einer gewissen Frist, in der Regel binnen vier Wochen, vor dem einheimischen Gericht Recht nicht zu erlangen vermöge. Und da in jenen Zeiten allgemeiner Rechtsunsicherheit und Gewalttat sehr häufig die Landesgerichte eines Angeklagten nicht mächtig zu werden vermochten, so blieb trotz jener kaiserlichen Privilegien immerhin die Ladung des Freistuhls in Aussicht.

Treten wir nun nach dieser allgemeinen Charakteristik der Organisation und dem Verfahren der Vehme näher, so ist in betreff der Zusammensetzung des Gerichts selbst schon erwähnt, daß der Vorsitzende ein kaiserlicher Freigraf war. Dieses Amt, das Grafenamt, konnte jeder freie Westfale erlangen, wie denn viele der angesehensten und gefürchtetsten Freigrafen einfache Landleute gewesen sind.

Das Gericht selbst mußte mit mindestens sieben Schöffen besetzt sein. Doch konnte auch über diese Zahl jeder Freigraf und Freischöffe erscheinen und an der Verhandlung und Urteilsfällung teilnehmen, so daß bei manchen besonders wichtigen Sachen oft Hunderte von Freischöffen mitgewirkt haben; z. B. an der Vernehmung des Herzogs Heinrich von Bayern, welche um Johannis 1429 unter dem Vorsitz des Freigrafen Albert Swynde ausgesprochen wurde, beteiligten sich 18 Freigrafen und 800 Freischöffen.

Die Gerichtssitzung fand nur bei heller lichter Tageszeit unter freiem Himmel statt. Der Frohnbote („Freifrohne", „Vehmfrohne") besorgte die Ladung an die eingesessenen Schöffen (daher die Bezeichnung „gebotenes" oder „verbotenes" Ding, d. h. geladenes Gericht) und vollzog die Aufträge des Freigrafen. Das Verfahren selbst war das altgermanische Anklageverfahren; nur auf erhobene Klage ward gerichtet. Diese Klage geht meist von dem Verletzten oder seinen Angehörigen aus, kann aber nur durch den Mund eines Wissenden vorgetragen werden. Dem Kläger wird, wenn er nicht selbst wissend ist, ein Fürsprecher aus der Zahl der Schöffen bestellt. Hat er nun seine Klage vor dem Freistuhl angebracht, so läßt der Freigraf zunächst darüber entscheiden, ob die Sache eine „Vehmfrage" sei, d. h. ob sie vor das Vehmgericht gehöre. In dieser Hinsicht bezeichnen die ältesten Vehmordnungen als die Verbrechen, für welche die Freigerichte zuständig waren: „Alles, was gegen der Christen Glauben und die zehn Gebote, und was gegen Gott, Ehre und alles Recht ist"; namentlich urteilten sie über Abfall vom christlichen Glauben, Kirchenraub, Verräterei, Mord und Mordbrand, Eigenmacht, Totschlag, Notzucht, Straßenraub, Raub gegen Kranke, Fälschung, Meineid, Dieberei, Landabpflügen, Gewalt gegen Reichs- und Freigerichtsboten. Schließlich waren es überhaupt alle schwereren Verbrechen, über welche sich die Gerichtsbarkeit der Vehme erstreckte. Ob deren Benennung „heilige Vehme" sich auf das Richten über Religionsverbrechen bezog oder nicht vielmehr darauf, daß sie Gerichtsbarkeit namens des Kaisers und des „heiligen römischen Reichs" übten, mag dahingestellt bleiben.

Nicht vor das Freigericht sollten Juden und Geistliche geladen werden. Die letzteren waren bloß ihren geistlichen Gerichten unterworfen. Ein altes Rechtsbuch sagt: „Man soll keinen Pfaffen, auch keinen Geistlichen, der geschoren und geweiht ist, nicht an einen Freistuhl laden, auch kein Weibsbild, noch Kinder, die zu ihren Jahren nicht gekommen sind, auch keinen Juden noch Heiden, noch alle, die den Christenglauben nicht erkannt haben, weil sie des Gerichts nicht würdig sind; die alle soll man nicht an Freistuhl laden." Im übrigen aber galt keine Befreiung, kein Ansehen der Person: Selbst an Reichsstädte und Reichsfürsten erging die unhintertreibliche Ladung, vor dem Freigericht Recht zu geben.

Auch über bürgerliche Rechtsstreitigkeiten haben die Vehmgerichte mitunter geurteilt. Doch war bezüglich dieser Rechtsansprüche ihre Zuständigkeit wohl eine beschränkte, einerseits auf westfälische Sachen, anderseits auf die Fälle, in welchen der Berechtigte des Beklagten vor seinem ordentlichen Gericht nicht mächtig werden, vor dem einheimischen Richter desselben kein Recht erlangen konnte (sogenannte Evokationsfälle).

Der Eröffnung des Gerichts gingen gewisse Formalitäten voran, indem in einer Zwiesprache zwischen dem Freigrafen und dem Frohnboten die Ordnungsmäßigkeit des Rechtstages festgestellt wurde. Hierauf ermahnte der Freigraf die Schöffen, sie sollen unparteiisch dem Armen wie dem Reichen „bei ihrer Seelen Pfand" Recht sprechen. Eine Aufzeichnung der Vehmgerichtsordnungen (die sog. Arensberger Reformation nach Th. Berck, *Geschichte der westfälischen Vehmgerichte,* S. 320) sagt des weiteren: „Wenn das Gericht bei Königsbann verbannet wird, und man in der heimlichen beschlossenen Acht dinget oder richtet, so sollen aller Häupter bloß und unbedeckt sein. Sie sollen weder Kappen noch Hüte, noch sonst etwas darauf haben, zum Beweise daß sie den Menschen nicht unrecht verurteilen, sondern einzig wegen der Missethat, die er beging. Ihr aller Antlitz soll unbedeckt sein, zum Wahrzeichen, daß sie kein Recht mit Unrecht bedeckt haben, noch bedecken wollen. Sie sollen auch alle bloße Hände haben, zum Zeichen, daß sie kein Werk an und unter sich haben, sondern die Leute nur verurteilen um die Missethat, und daß man die Bösen von den Guten sondert; denn man verurteilt billig einen Dieb und andre wegen Unthat. Sie sollen Mäntelein auf ihren Schultern haben. Diese bedeuten die warme Liebe, recht zu richten, die sie haben sollen; denn so wie der Mantel alle andre Kleider oder den Leib bedeckt, also soll ihre Liebe die Gerechtigkeit bedecken. Sie sollen auch darum die Mäntel auf den Schultern haben, damit sie (anzeigen, daß sie) dem Guten Liebe beweisen, wie der Vater dem Kinde. Sie sollen ferner weder Waffen bei sich führen, noch Harnisch, damit sich niemand vor ihnen zu fürchten brauche, und weil sie in des Kaisers oder Königs und in des Reichs Frieden begriffen sind. Sie sollen endlich auch ohne allen Zorn und nüchtern sein, damit die Trunkenheit sie nicht zu ungerechten Urteilen verleite; denn Trunkenheit macht viel Bosheit." Indes steht in teilweisem Widerspruch mit jener Kleiderordnung eine andere Arnsberger Handschrift (bei Wigand, *Das Vehmgericht Westfalens*,

S. 551), wonach die Schöffen weder Hut noch Mantel tragen sollen.

Wurde die Vorfrage bejaht, daß die Anklage eine „Vehmwroge" sei, so erließ der Freigraf die Ladung des Angeklagten und des Klägers zur Verhandlung der Klage, und zwar in der Regel mit einer Frist von sechs Wochen und drei Tagen. War der Vorzuladende ein Freischöffe, so erhielt er drei solcher Fristen. Die letzte Ladung bedrohte den Geladenen, daß, wenn er nun nicht erscheine, auf Erweis der Klage die „höchste Wette", d. h. das schwere letzte Urteil gegen ihn ausgesprochen würde.

Sehr häufig war bei den gerichtlichen Ladungen besondere Vorsicht geboten. Denn oft setzte sich der Überbringer einer solchen Ladung der Gefahr aus, von dem übermütigen Geladenen mit blutigem Kopf heimgeschickt zu werden. War solche Vergewaltigung zu besorgen, so konnte die Ladung auch bei Nacht geschehen. So sagen z. B. die von Kaiser Ruprecht über ihr Verfahren vernommenen Freigrafen:

„Sitzt der Angeklagte auf einem Schloß, darein man ohne Sorg und Abenteuer nicht kommen möchte: So mögen die Schöppen, die ihn heischen wollen, eines Nachts oder wenn es ihnen taugt, vor das Schloß reiten oder gehn, und aus dem Rennbaum oder Riegel drei Späne hauen und die Stücke behalten zum Gezeugnis und den Ladungsbrief in die Kerben oder Grindel stecken und dem Burgwächter zurufen: Sie hätten einen Königsbrief in den Grindel gesteckt und eine Urkunde mit sich genommen und er solle dem, der in der Burg ist, sagen, daß er seines Rechtstags warte an dem freien Stuhl bei den höchsten Rechten und des Kaisers Bann."

Waren Städtebürger zu laden, so wurden die Ladebriefe häufig bei Nacht in die Tore der Stadt oder an die Haustüre des zu Ladenden gesteckt, oder an einen Ort, wo sie unfehlbar gefunden werden mußten, z. B. in eine Kirche gelegt und dabei noch sorgfältig verwahrt, in leinenem Säckchen u. dgl.

War der Aufenthalt oder der Wohnort des zu Ladenden unbekannt, so wurden vier schriftliche Ladungen ausgefertigt und an Kreuzstraßen gegen die vier Himmelsgegenden an vier Orten des Landes, worin man etwa seinen Aufenthalt vermuten konnte, aufgesteckt.

Übrigens ließ die Vehme auch in betreff ihrer Boten sich nicht verachten. Wer einen solchen aufhielt oder verletzte, wurde unnachsichtlich vor Gericht gezogen.

So erging im Jahr 1473 eine Ladung an die Einwohner von Straßburg, weil dortige Bürger zwei Boten der Vehme „auf des heil. Reichs Straße ... mördtlich vom Leben zum Tode gebracht haben."

Im Jahr 1441 wurden Rat und alle Bürger der Stadt Eßlingen, die über zwanzig Jahre alt, ausgenommen geistliche Leute, vor den Freistuhl zu Waltorf geladen, weil sie einen Freischöffen in Eßlingen gefangen hielten. Und in der Tat mußten die Eßlinger sich durch abgesandte Prokuratoren vor dem westfälischen Gericht verantworten und die sofortige Entlassung des Gefangenen versprechen. Gar nicht selten waren die Fälle, in denen Reichsstädte, deren Rat oder sämtliche männliche Einwohner vom 20. bis zum 70. Lebensjahre vor einen Freistuhl in Westfalen geladen worden sind, Städte, denen im Weg der Fehde nicht beizukommen gewesen wäre, die sich aber unweigerlich jener Ladung beugen mußten.

In den Zeiten der höchsten Macht und Blüte der Vehmgerichte, namentlich um die Mitte des 16. Jahrhunderts, ergingen ihre Ladebriefe im Süden von Deutschland bis zum Bodensee, östlich bis nach Schlesien und Liefland, im Norden bis zum Meer. Ja, drei Freigrafen wagten sogar, was freilich ein Mißbrauch war, den Kaiser Friedrich III. und seinen Kanzler und sein Kammergericht vor ihren Freistuhl zu laden, damit der Kaiser – wie es in der Ladung hieß – „daselbst seinen Leib und die höchste Ehre verantworte, bei Strafe, für einen ungehorsamen Kaiser gehalten zu werden."

Die Ladung lautete entweder vor das „offene Ding" (d. h. öffentliches Gericht) oder vor das geheime Gericht. Ersteres war der Fall, wenn der Vorzuladende nicht ein „Wissender" war. Denn der „Unwissende" durfte dem geheimen Gerichte nicht anwohnen. Hingegen über einen „Wissenden" wurde in der heimlichen Acht gerichtet. Erschien nun der Angeklagte vor Gericht, so hatte zunächst der Kläger seine Anklage vorzutragen. War der Angeklagte der Tat geständig, so hatte er sich selbst gerichtet; ihm wurde sofort das Urteil gesprochen und diesem folgte unmittelbar die Exekution; er wurde ergriffen, gebunden, am nächsten besten Baum aufgeknüpft.

Wenn nun aber der Angeklagte seine Unschuld behauptete, so mußte der Beweis, von der einen oder anderen Seite, durch Eid geführt werden. Der Ankläger konnte sich erbieten, seine Anklage mit Eidhelfern zu beschwören. Diese mußten Freischöffen sein und den Eid dahin leisten, daß sie die Anklage für wahr halten. Ob hiefür zwei Eidhelfer genügten oder deren sechs nötig waren (daher der Ausdruck: „übersiebenen") ist nicht unbestritten; doch scheinen ursprünglich zwei genügt zu haben. Hatte nun aber der Ankläger mit seinen Eidhelfern sich zum Eid erboten, so konnte der Angeklagte mit einer größeren Zahl von Eidhelfern sich losschwören, also wenn gegen die zwei Eidhelfer des Klägers sechs Schöffen bereit waren, den Eid dahin zu leisten, daß sie die Unschuld des Angeklagten für durchaus glaubhaft halten. Aber diese Eide durfte hinwiederum der Ankläger mit dreizehn Eidhelfern vereiteln, und in diesem Falle konnte der Angeklagte nur mit zwanzig Freischöffen, welche mit ihm zu schwören sich bereit fanden, die Klage überbieten und sich frei machen. Je nach der Zahl der zum Eid bereiten Eidhelfer wurde nun entweder die Anklage oder die Unschuld beschworen. Es lag hierin ein ähnliches Prinzip, wie es den modernen Geschworenengerichten zu Grunde liegt. Es sollten die Überzeugung einer Mehrheit von Schöffen und ihr Vertrauen die Frage der Schuld entscheiden.

Nachdem die Anklage und – wenn der Angeklagte erschien, dessen Verantwortung – vernommen, auch die Eide geleistet waren, bestellte der Freigraf einen Schöffen zum Urteilsfinder. Es mußte dies ein dem Angeklagten ebenbürtiger Schöffe sein. Dies nannte man die „Stellung des Urteils auf einen echten rechten Freischöppen." Dieser hatte die Aufgabe „das Recht zu weisen." Er konnte sich mit den übrigen Schöffen beraten. Das Urteil mußte aber „sitzend gefunden, stehend gescholten (d. h. verkündigt) werden." Wurde sein Ausspruch von allen gebilligt, so hieß dies „Folge des Umstandes." Der hiernach verkündigte Spruch bildete das Urteil, welches nun der Freigraf verkündete und, wenn es ein „Schuldig" war, gegen den erschienenen Angeklagten sofort in Vollzug setzte.

Sehr häufig zog der Angeklagte vor, gar nicht vor dem Gerichte zu erscheinen. In diesem Falle nun verwandelte sich das „offene Ding" in die „heimliche Acht" (d. h. geheime Beratung) oder das sog. „Stillgericht." Dies geschah in derselben Sitzung, auf derselben Malstätte, lediglich dadurch, daß alle Anwesenden, welche nicht Freischöffen waren, durch feierlichen Aufruf aufgefordert wurden, sich zu entfernen. Wenn nach dieser Aufforderung ein Nichtschöffe, ein „unwissender Mann", und wäre es auch ohne böse Absicht, an dem Gerichtsort betroffen wurde, so traf ihn unnachsichtlich der Tod: „Der Freigraf steht auf, nennt den Mann mit Namen, bindet ihm seine Hände vorn zusammen, thut den Strick aus Weiden um seinen Hals und läßt ihn durch die Freischöffen henken an den nächsten Baum."

Während nämlich für die Geheimhaltung von seiten der Schöffen selbst durch den Eid und die strenge Strafe des Verrats gesorgt war, mußte durch diese Heimlichkeit vor Unwissenden Vorsorge getroffen werden, daß nicht etwa der verurteilende Spruch zur Kenntnis des abwesenden Verurteilten kommen und er sich der Exekution entziehen möchte.

Wenn nun also der Angeklagte im letzten Termin, zu welchem er „bei der höchsten Wette" (d. i. Strafe) geladen war, ausblieb, und auf ihn gewartet worden, „bis die Sonne auf dem Höchsten gewesen, bis Mittags in die dritte Uhr", auch der Kläger dargetan hatte, daß die Ladungen gehörig erfolgt waren, so rief der Freigraf den Angeklagten im Gericht feierlich noch viermal bei Namen und Zunamen auf und fragte, „ob niemand von seinetwegen da sei, der ihn verantworten wolle zu seinen Rechten und seiner höchsten Ehre." Und nun forderte der Kläger Vollgericht, d. h. die letzte Sentenz, das Endurteil. Er selbst hatte zunächst seine Anklage kniend, die rechte Hand auf des Grafen Schwert gelegt, zu beschwören, und mit dem Kläger – als seine „Folger" oder „Freunde" – seine Eidhelfer aus der Zahl der Schöffen. Diese bestätigten durch ihren Eid, daß sie der Glaubwürdigkeit des Klägers volles Vertrauen beimessen, daß sie überzeugt seien, der Ankläger schwöre „rein, nicht mein." Damit galt die Anklage gegen den ungehorsam ausgebliebenen Angeklagten als voll erwiesen.

Die Verurteilung, die letzte, die schwere Sentenz, wurde in den feierlichsten Formen über den Schuldigen ausgesprochen. Der Freigraf vervehmte ihn, indem er sprach:

„Den beklagten Mann mit Namen N., den nehme ich hier aus dem Frieden, aus den Rechten und Freiheiten, die Kaiser Karl gesetzt und Papst Leo bestätigt hat, und ferner alle Fürsten, Herren, Ritter und Knechte, Freie und Freischöffen beschworen haben im Lande zu Westfalen, und werfe ihn nieder und setze ihn aus allem Frieden, Freiheiten und Rechten in Königsbann und Wette und in den höchsten Unfrieden und Ungnade, und mache ihn unwürdig, echtlos, rechtlos, siegellos, ehrlos, friedelos und unteilhaftig alles Rechts, und verführe ihn und vervehme ihn nach Satzung der heimlichen Acht und weihe seinen Hals dem Stricke, seinen Leichnam den Tieren und Vögeln in der Luft zu verzehren, und befehle seine Seele Gott im Himmel in seine Gewalt, und setze sein Leben und Gut ledig, sein Weib soll Witwe, seine Kinder Waisen sein."

Hierauf, heißt es in den alten Vehmrechtsbüchern, „soll der Graf nehmen den Strick von Weiden geflochten und ihn werfen aus dem Gerichte, und so sollen dann alle Freischöffen, die um das Gericht stehen, aus dem Munde speien, gleich als ob man den Vervehmten fort in der Stunde henkte. Nach diesem soll der Freigraf sofort gebieten allen, Freigrafen und Freischöffen, und sie ermahnen bei ihren Eiden und Treuen, die sie der heimlichen Acht gethan, sobald sie den vervehmten Mann bekommen, daß sie ihn henken sollen an den nächsten Baum, den sie haben mögen nach aller ihrer Macht und Kraft."

Wer wissentlich mit einem Vervehmten Gemeinschaft hatte, teilte sein Schicksal. So mußte also der Geächtete, verlassen und gemieden, in steter Angst umherirren, bis ihn die Hand des Vollstreckers traf.

Ein so vervehmter Mann, mochte er auch der mächtigste und reichste, der angesehenste und glücklichste gewesen sein – mit dem Spruch, der über ihn ergangen, war er ein elender, verlorener Mann.

Das Urteil mußte vor dem Vervehmten geheimgehalten werden, damit ihn sicher und unvorbereitet der Vollzug treffen könne. Würde ein Schöffe (denn nur solche waren anwesend gewesen) ihn etwa auch nur gewarnt haben, ihm durch ein verblümtes Wort Vorsicht oder Flucht anratend, z. B. indem er ihm sagte: „Es sei anderswo ebensogut Brot essen als hier", so war solcher Schöffe als eidbrüchig unrettbar dem Strange verfallen.

Aber wie vermochte das in Westfalen ergangene Urteil in die weite Ferne zu wirken?

Hier eben griff die Heimlichkeit der Vehme mit staunenswerter, unwiderstehlicher Macht ein und verlieh dieser Achterklärung eine Wirksamkeit, welche weit die der kaiserlichen und Reichsacht und Oberacht übertraf. Wer nämlich in die Reichsoberacht erklärt wurde, galt für vogelfrei, jeder durfte ihn töten; aber sehr häufig war es ihm ein Leichtes, sich dieser Gefahr zu entziehen. Aber die Acht oder „Verfürung" der Vehme war in ihren Folgen das unentrinnbare Todesurteil des Vervehmten. Er mußte getötet werden. Denn über ganz Deutschland waren die Freischöffen verbreitet, und jeder war durch seinen Eid, den er vor dem Freistuhl geleistet, verbunden, den Spruch der heiligen Vehme durch Tötung des Vervehmten, wo er seiner habhaft werden möge, zu vollziehen. Wenn der Ankläger vor dem Freigericht die Verurteilung seines Gegners erwirkt, oder wenn der Freigraf einen Schöffen oder zwei mit dem Vollzug betraut hatte, so bedurfte es nur der Beiziehung mithelfender Schöffen, welche ja überall zu finden waren, um den Verurteilten zu richten.

Dem Ankläger wurde das Urteil schriftlich mit dem Siegel des Freigrafen und in der Regel mit einer Ermahnung an alle Freischöffen, ihm bei der Vollziehung behilflich zu sein, ausgefertigt, damit ihm die Urkunde zu seiner Legitimation diene gegen andere Freischöffen, die er etwa zur Hilfe bei der Exekution nötig hätte. Denn überall, wo der Vervehmte zu treffen war, konnten und mußten die Schöffen den nichts Ahnenden richten, d. h. sie ergriffen und henkten ihn an den nächsten besten Baum.

Damit aber die Vollstreckung gesichert sei und der einzelne keinen Mißbrauch mache, durften die Freischöffen nur zu dreien den Schuldigen richten.

Jeder Schöffe, dem die Vernehmung bekannt war, konnte andere Schöffen zur Hilfe bei der Exekution aufrufen; doch war der Aufgerufene zur Hilfe nur dann, dann aber unbedingt, mag es auch gegen Freund oder Bruder gehen, verbunden, wenn er eines Freigrafen Brief und Siegel sah oder wenn ihm drei andere Schöffen bei ihren Eiden sagten, daß der Mann vervehmt sei.

Auffallend kann es scheinen, daß der Vollzug des Urteils den Schöffen aufgetragen war und nicht anderen, minder geachteten Personen. Allein in jenen Zeiten wurde diese Funktion nicht, wie späterhin, als eine wenig ehrenhafte betrachtet. Sie galt eben als ein Teil des Richtens selbst; das „Nachrichten" war nur gleichsam der letzte Akt des Gerichtübens. So war auch anderweit, z. B. in manchen Reichsstädten, die Hinrichtung eine Obliegenheit des jüngsten verheirateten Bürgers. Erst späterhin wurde der Henker als anrüchig angesehen, an manchen Orten auch geradezu der „Schelm" genannt. Für die Schöffen der Vehme aber war das Richten des Vervehmten eine durchaus nicht entwürdigende Obliegenheit.

Widersetzte sich der Vervehmte, so durften sie ihn niederstoßen. Sie banden in diesem Falle den Leichnam an einen Baum an der Landstraße und steckten ein Messer daneben, zum Zeichen, daß der Mann nicht von Räubern überfallen, sondern von Freischöffen in des Kaisers Namen gerichtet sei.

In der Regel erfuhr der Unwissende, daß er vervehmt sei, erst in dem Augenblicke, da ihm der Strang um den Hals gelegt wurde.

Um andere Schöffen in der Nähe des Verurteilten in aller Stille und ohne sich zu verraten oder preiszugeben, zur Mitwirkung auffordern zu können, und um sicher zu sein, nicht dabei an einen Unwissenden zu kommen und dadurch das Geheimnis zu verraten, hatten die Freischöffen eine geheime Losung, an der sie sich gegenseitig erkannten, und welche zugleich das Mittel war, jeden Nichtschöffen, der sich etwa in ihre Gerichte eindrängen wollte, als solchen sogleich zu erkennen.

Der Freigraf sagt nämlich den Neuaufgenommenen mit bedecktem Haupte „die heimliche Vehme Strick, Stein, Grass, Grein"* und erklärt ihnen das. Dann sagt er ihnen „das Notwort, wie es Carolus Magnus der heimlichen Acht gegeben hat, zu wissen: ‚Reinir dor Feweri' und klärt ihnen das auf, als vorgeschrieben ist"; dann lehrt er ihnen den heimlichen Schöppengruß, also: daß der ankommende Schöppe seine rechte Hand auf des anderen linke Schulter legt und spricht: „Ich grüß Euch, lieber Mann! Was fanget Ihr hier an?" Darnach legt der Angeredete seine rechte Hand auf des anderen Schöppen linke Schulter und spricht:

---

* Das altnordische Wort „Grein" (= Ast oder Zweig) deutet auf den Baum, an welchem das Todesurteil vollstreckt wurde. Vgl. Grimm, *Rechtsalterthümer,* S. 683.

„Alles Glücke kehre ein, wo die Freienschöffen sein." Der erste sagt nun: „Strick, Stein", und der andere erwidert: „Gras, Grein." Auch wurde, wenn besondere Veranlassung vorlag, das Notwort ausgesprochen.

Ein Erkennungszeichen zwischen Wissenden soll auch darin bestanden haben, daß sie bei Tische „das Messer mit der Spitze zu sich und die Schale nach der Schüssel von sich gekehrt haben."

Wer vor dem Freistuhl zum Wissenden (daher auch „Vehmenoten" genannt) gemacht wurde, hatte den feierlichen Eid dem Freigrafen nachzusprechen: „Ich gelobe, daß ich nun fort mehr die heilige Vehme wolle helfen halten, und verheelen vor Weib und Kind, vor Vater und Mutter, vor Schwester und Bruder, vor Feuer und Wind, vor alle demjenigen, was die Sonne bescheint und der Regen bedecket, vor alle dem, das zwischen Himmel und Erde ist, befördern vor den Mann, so das Recht kann; und will diesem freien Stuhl, darunter ich gesessen bin, vorbringen alles, was in die heimliche Acht des Kaisers gehört, was ich für wahr weiß, oder von wahrhaften Leuten habe hören sagen, das zur Rüge oder Strafe gehet, das Vehmwrogen sein, auf daß es gerichtet oder mit Willen des Klägers in Gnaden gefristet werde; und will das nicht lassen um Lieb noch um Leid, um Gold, noch Silber, noch um Edelgestein; und stärken dies Gericht und Recht nach allen meinen fünf Sinnen und Vermögen etc."

Auf den Verrat der geheimen Losung und der Heimlichkeiten des Gerichts überhaupt stand unnachsichtlich der Tod. So sagt ein altes Rechtsbuch der Vehme:

„Wäre es, daß ein Freischöffe die Heimlichkeit und Losung der heimlichen Acht oder irgend etwas davon in das Gemeine brächte oder unwissenden Leuten einige Stücke davon, klein oder groß, sagte, den sollen die Freigrafen und Freischöffen greifen unverklagt und binden ihm seine Hände vorne zusammen und ein Tuch vor seine Augen und werfen ihn auf seinen Bauch und winden ihm seine Zunge hinten aus seinem Nacken und thun ihm einen dreisträngigen Strick um seinen Hals und hängen ihn sieben Fuß höher als einen verurteilten, vervehmten, missethätigen Dieb."

Diese furchtbare Drohung erklärt es denn auch, daß kein Fall bekannt ist, in welchem ein Wissender sich hätte bewegen lassen, die Geheimnisse der Vehme zu verraten. Ja die Scheu, in diese Geheimnisse einzudringen, war bei den „Unwissenden" so groß, daß sie nicht wagten, auch nur eine Vehmurkunde zu eröffnen, welche die Aufschrift trug: „Diesen Brief soll niemand öffnen, niemand lesen oder hören lesen, es sei denn ein echter, rechter Freischöffe der heimlichen beschlossenen Acht des heiligen Reichs." Solche Urkunden fanden sich daher noch in unserem Jahrhundert unentsiegelt in den Archiven vor, weil niemand dem furchtbaren Rächer des Geheimnisses in die Hände hatte fallen wollen.

Dasselbe Geheimnis umgab die Gesetze und Gebräuche der Freigerichte. Die Aufzeichnungen und Sammlungen derselben tragen außen und zum Eingang die Warnung, daß niemand sie haben oder lesen dürfe, es sei denn ein echter, rechter, freier Schöffe des Heiligen Römischen Reichs. Wer aber, ohne daß er ein Freischöffe wäre, das Buch eröffne, der solle des schweren heimlichen Gerichts gewärtig sein. Und in der Tat blieb das Geheimnis vor allen Nichtschöffen gewahrt, so sehr, daß häufig der geladene Angeklagte aus Unkunde der Einrichtungen in großer Furcht sich befand, ob er nicht aus Unkenntnis in Nachteil gerate. So z. B. wird berichtet, daß die Stadt Görlitz und fünf andere Städte in der Lausitz, als sie im Jahr 1428 vor einen Freistuhl geladen wurden, in größte Angst gerieten und selbst nach Erledigung der Sache sich noch nicht sicher glaubten, und daher durch einige zuverlässige Personen Kunde von der Übung und Einrichtung der Vehmgerichte, wiewohl vergebens, einzuziehen sich bemühten.

Einige besonders angesehene Freigerichte hießen Oberhöfe oder Oberstühle, indem sie eine höhere Autorität in Vehmrechtsfragen in Anspruch nahmen, und es scheint, daß hie und da an sie von anderen Freistühlen eine zweifelhafte Sache abgegeben oder ihr Rat in Vehmfragen eingeholt wurde. Eine eigentliche Berufung aber, so daß der Verurteilte die Sache noch an ein höheres Gericht hätte bringen können, gab es der Natur der Sache nach – wie denn jedem Urteil die Vollstreckung alsbald folgen sollte – nicht. Wohl aber mochte gegen eine unbefugte Ladung Beschwerde an den Kaiser erhoben werden. Auch konnte ein abwesend Verurteilter, wenn er sein Ausbleiben auf die an ihn ergangene Ladung zu entschuldigen wußte und wenn er ein Wissender war, um neue Verhandlung der Sache bei dem Freistuhl, welcher das Urteil gesprochen hatte, nachsuchen. Zu diesem Behuf mußte er im heimlichen Ding mit einem Strick um den Hals in Begleitung zweier Freischöffen erscheinen und fußfällig um Gnade bitten.

Ein Zusammentritt der Freigrafen mit dem Stuhlherrn kam bei den sogenannten Generalkapiteln vor, bei welchen indes auch die einfachen Freischöffen zugelassen waren und deren oft gegen tausend erschienen. Sie hatten namentlich die Aufgabe, die Vehmrechtsnormen fest- und klarzustellen und die Freistühle zu beaufsichtigen.

Nicht nur für die Vollstreckung der Urteile, auch für die Entdeckung und Verfolgung von Verbrechen war die Verbreitung der Schöffen von hohem Belang. Denn sie hatten eine allgemeine Rügepflicht, sie waren verbunden, sei es auf Ansuchen des Verletzten, sei es aus eigener Wahrnehmung, solche Verbrechen, die nicht sonst ihren ordentlichen Richter fanden, vor einem Freistuhl auf roter Erde zur Anklage zu bringen. Ja, in gewissen Fällen konnten sie sofort richtend gegen den Verbrecher, wer es auch sei, einschreiten, kraft ihrer sehr weitgehenden Machtvollkommenheit bei „handhafter That."

Wurde nämlich von Freischöffen der Vehme der Verbrecher entweder auf der Tat selbst ergriffen oder mit den Werkzeugen, mit denen er die Tat vollbrachte, oder mit dem, was er durch die Tat sich angeeignet, auf eine Weise betreten, die ihn ganz unverkennbar als Täter bezeichnete, oder wenn er die Tat gestand – die Vehmurkunden nennen es: „mit habender Hand, mit blickendem Schein (evidenter Tat) oder mit gichtigem (bekennendem) Mund" – so konnte sogleich und wo auch der Verbrecher auf der Tat ergriffen werden mochte, also auch außerhalb Westfalens, gerichtet werden. Denn trafen nur drei Freischöffen jemand bei einem Verbrechen, das als Vehmsache galt, auf handhafter Tat, so konnten und mußten sie ihn zur Stunde richten, d. h. sie ergriffen ihn und henkten ihn an den nächsten Baum.

Da die Vehmrechtsgewohnheiten auch den „gichtigen Mund", das Geständnis des Angeklagten, zur handhaften Tat zählen, so folgt daraus, daß, wenn drei oder vier Schöffen von einem dritten außergerichtlich das Bekenntnis eines Verbrechens hörten, sie sofort ihn richten konnten.

Wenn sich also einer in Gegenwart mehrerer Schöffen eines Verbrechens berühmte, so konnten gegen ihn die Freischöffen auf der Stelle mit dem Strang vorgehen. Es war dies ein höchst gefährliches Recht, denn selten mögen die Schöffen wohl die Ernstlichkeit des Geständnisses untersucht haben, sondern schritten eben mit der Exekution ein.

Einen solchen Fall berichtet eine alte Chronik von Thüringen und Hessen. Als im Jahr 1412 Kaiser Rupert nach Hersfeld kam, so hielt er den jungen Ritter Simon von Waldenstein vorzüglich hoch. Simon kam mit achtzehn grauen Hengsten und war mit allen seinen Dienern ganz weiß gekleidet. Wie er nun mit dem König und vielen Fürsten und Herren zu Tische saß, da sprach einer im Mutwillen, der war dem Simon feind: „Wie pranget der von Waldenstein so hoch, ich habe ihm wohl vier Pferde genommen, und floge nicht ein Vogel darnach." Das wurde dem Simon angesagt und er antwortete: „Hätte er geschwiegen, so wäre es mir unbekannt gewesen; haben nicht Vögel darnach geflogen, so sollen nun große Raben fliegen!" und nahm denselben sobald vom Tisch, führte ihn hinaus und ließ ihn an einen Baum henken, „das war fein verdienter Lohn seines schwatzhaften Mauls wegen." „Man sagt", fährt der Bericht fort, „von diesem Simon, daß er schon früher vierundzwanzig um ihrer Untugend willen henken lassen, feldflüchtige, treulose und hängmäßige Böswichter, die wider Ehe und Ehrbarkeit thäten, sonderlich an Frauen und Jungfrauen; was ihm deren zukam, ließ er alle henken, keine Schande oder Untugend mochte er geleiden. Da war auch Zucht und Ehr unter dem Adel. Denn jedermann forchte die schnelle Straf."

Das Recht der Freischöffen, einen Verbrecher vom Leben zum Tode zu bringen, wurde freilich nicht selten mißbraucht. So geschah es von Herzog Ulrich von Württemberg in seinem Handel mit Hans von Hutten. Der Herzog lebte mit seiner Gemahlin, der Herzogin Sabine, in vielfachem Hader; sein Vertrauter, Hutten, erfreute sich der

Gunst der Herzogin. Auf einer Jagd im Schönbuch, da Hutten einen von der Herzogin ihm geschenkten Ring trug, ließ der Herzog, der neben Hutten ritt, sein Gefolge sich entfernen und fiel nun plötzlich über seinen Vertrauten her und stieß ihn mit dem Schwert nieder; hierauf zog er demselben den Gürtel ab und knüpfte ihn damit eigenhändig an eine Eiche. Zu seiner Rechtfertigung erklärte der Herzog, er habe als westfälischer Freischöffe den missetätigen Junker gerichtet. Allein die Eigenschaft als Schöffe würde ihn hierzu nur bei handhafter Tat oder gichtigem Mund und nur mit Zuziehung zweier weiterer Schöffen berechtigt haben. Die Tat erregte allgemeinen Unwillen und auf Betreiben der Huttenschen Verwandten fand sich der Kaiser schließlich bewogen, über den Herzog die Acht auszusprechen.

Eine dreifache Wirksamkeit war es, welche die Freischöffen im ganzen deutschen Reiche zum Schrecken aller Missetäter Jahrhunderte lang mit unerbittlicher Strenge übten. Wo sie von einem Verbrechen Kunde erhielten, welches nicht etwa schon vom einheimischen Gericht geahndet worden, mußten sie die Anklage vor den Freistuhl bringen. Hatte dieser die Acht ausgesprochen und einen Mann vervehmt, so konnte jeder Schöffe in der Nähe des Vervehmten angehalten werden, denselben zu richten. Wer aber aus frischer Tat oder auch nur derselben nachher geständig von Schöffen betroffen wurde, den konnten und sollten sie sofort selbst vom Leben zum Tode bringen. Erwägt man nun die große, allmählich auf gegen hunderttausend gestiegene Zahl von Schöffen, ihre Verbreitung und Organisation, so muß ihre Bedeutung in der Tat als eine gewaltige erscheinen.

Die Freischöffen bildeten durch ihre Stellung zur Vehme gewissermaßen eine selbständige Macht im Reiche, geeint zum Schutz des Rechts und der Unterdrückten gegen alle groben Verbrecher, ein Hort der Verfolgten, ein Schrecken für den Übermütigen.

Der kaiserliche Blutbann, welchen die Freigerichte in Westfalen handhabten und kraft dessen sie eines jeden Missetäters im ganzen Reiche mächtig zu sein erklärten – er blieb keine leere Drohung, wie so manches Gesetz jener Zeit. Dem Wort folgte die Tat, und der Ruf vollstreckter Vehmsprüche durchzog alle Lande und beugte selbst den Trotz des Faust- und Fehderechts.

Ein ausgezeichneter Forscher über Vehmgerichte (Wigand, 1825) sagt: „Keine andre Einigung und Verbindung kam dieser gleich. Was gerüstete Heere nicht vermochten, wirkte hier der Ausspruch des Rechts. Der Fürst oder Graf, der an der Spitze seiner gerüsteten Mannen und hinter den festen Mauern seiner Burg selbst dem Kaiser trotzte, war entwaffnet, wenn der Bund, dem er nicht entrinnen konnte, ihn zum Opfer erkoren hatte. Selbst ein trotziger Ritter verschmähte sorglos das Gebot eines kaiserlichen Hofgerichts, das in den ersten Städten des Reichs, in kaiserlichen Palästen seine Sitzungen hielt; aber Städte und Fürsten erbebten, wenn ein Freigraf sie an die alten Malplätze, unter die Linde oder an eines

Flüßchens Ufer, auf westfälischen Boden heischte. Der gerichtlichen Gewalt sich zu entziehen und dem Urteilsspruch zu entgehen, war ein leichtes in jener Zeit. Aber wer vom Freigericht gerichtet war, konnte nirgend entfliehen. Ganz Deutschland war der Schöffen Land, und wo er sich befand, war er mitten unter seinen Richtern. Wie man von einer Eisernen Jungfrau erzählt, zu der der Verurteilte geführt wurde, und die auf einen Druck, wenn er sich ihr nahte, ihn in ihre Arme schloß und mit scharfen Messern zerschnitt und vernichtete, so war auch das Urteil der Vehme, das der Ankläger heimlich bei sich trug, dem Zauberdruck zu gleichen, der, wenn er den Verurteilten berührte, ihn rettungslos in die zermalmenden Arme der Vehmgenossen stürzte."

Es waren nicht gelehrte Richter, sondern meist einfache Landleute, welche dies in ihrem Volksgericht vollführten. Und welcher Kontrast gegen die mittelalterliche Justiz der Fürsten und Städte! Die Vehme kannte kein inquisitorisches Verfahren, ließ nie den Verdächtigen im Kerker schmachten, hat nicht ihn durch Folter oder durch geschraubte Fragen zum Geständnis getrieben und ihrer Strafe blieb all die Grausamkeit der verstümmelnden Strafen und der geschärften Todesstrafen ferne.

In Zeiten der allgemeinen Rechtsunsicherheit war die Vehme in der Tat ein Hort des Rechts, ein mächtiger Schutz der durch Gewalt Bedrohten, der Redlichen Schutz, der Frevler Trutz.

Aber es darf auch die Kehrseite des Bildes nicht verschwiegen werden. Wie alle menschlichen Institutionen, so groß und wohlgemeint sie sein mögen, so war auch die Einrichtung der Vehme im Laufe der Jahrhunderte einer Entartung ausgesetzt, welche schließlich ihren Untergang herbeiführen mußte und in groben Mißbräuchen das ursprünglich so makellose Freigericht in Mißkredit brachte. Der Schöffenstand wurde nach und nach korrumpiert, wohl auch mit infolge der massenhaften Aufnahme der sich Meldenden aus allen Gauen des Reichs. Während in den ersten Jahrhunderten streng darauf geachtet worden, daß man nur Männer von verbürgter Ehrenhaftigkeit und voller Zuverlässigkeit zu Freischöppen machte, so ließen sich späterhin manche Freigrafen durch Geld oder Einfluß eines Mächtigen bestimmen, die nötige Prüfung zu unterlassen, und danach drängten sich in die Reihen nicht nur der Schöffen, auch der Freigrafen, Leute von zweifelhaftem Charakter. Bestechung oder Haß wirkten bei dem Richterspruch mit. „Ein korrumpierter Freigraf stellte das Urteil an einen parteiischen Schöppen, welchem ein ebenso parteiischer Umstand dasselbe finden half. Die Stuhlherrschaft sah durch die Finger, weil sie selbst das ihrige von den Einkünften (den Gebühren für die Aufnahme und den Gerichtskosten, welche die Partien zu leisten hatten) zog. Um die gesetzlichen Befreiungen kümmerte man sich wenig oder gar nicht mehr. Man maßte sich ohne weitere Kompetenz über bloße Zivilsachen an."

Die Mißbräuche, welche zu den vielfachsten Beschwerden Anlaß gaben, veranlaßten den Kaiser, daß er einer Reihe von Städten das Privilegium erteilte, nicht mehr vor ein Freigericht geladen werden zu können. Solche Exemtionen wurden bald auf ganze Territorien erstreckt. Mit der Erstarkung der landesherrlichen Gewalt und der Besserung in der allgemeinen Rechtssicherheit war ohnehin die innere Berechtigung der westfälischen Jurisdiktion für das übrige Deutschland gefallen. So schwand denn auch ihre Bedeutung schon im Lauf des sechzehnten Jahrhunderts fast völlig dahin. Die Vehmgerichte sind nie durch allgemeines Gesetz abgeschafft worden, aber die Geschichte hat ihren Niedergang und ihr Erlöschen zu verzeichnen, denn sie hatten ihren Dienst getan.

Zweite Abteilung.
Die Hexenprozesse.

Erster Abschnitt.
Das Hexenwesen.

Gegen Ende des 15. Jahrhunderts und in den folgenden zwei Jahrhunderten sehen wir in fast allen deutschen Ländern zahllose Scheiterhaufen errichtet, auf welchen die beklagenswertesten Opfer der Justiz als Hexen und Zauberer verbrannt wurden.

Welche Verbrechen hatten sie verübt? Sie waren beschuldigt, durch übernatürliche Mittel Menschen und Vieh, Saaten und Weinberge geschädigt, Krankheiten und Landplagen erzeugt zu haben. Das hätten sie vermocht durch einen Bund mit dem Teufel.

Sie alle wurden verurteilt auf ihr Geständnis hin. Alle diese Angeklagten aus den verschiedensten Gegenden Deutschlands und in drei Jahrhunderten gestanden das gleiche, ihre Bekenntnisse waren der Ausdruck eines durch alle Schichten der bürgerlichen Gesellschaft verbreiteten Volksglaubens.

Und was haben sie eingestanden? Sie hätten sich dem Teufel ergeben und mit seiner Hilfe all die Greuel verübt, welche die öffentliche Meinung den Zauberern und Hexen zur Last legte. Zu solchem Geständnis mochten wohl vorzugsweise trübgestimmte Personen geneigt sein, die in ihrer Verdüsterung zu dem Wahn gekommen waren, sie würden von einem bösen Geiste beherrscht. Sie bekannten von sich alle die abenteuerlichen und schauerlichen Dinge, welche sie in ihren Kreisen hatten erzählen hören und welche bei Tag und bei Nacht ihre Gedanken und Träume erfüllten.

Vor ein einsames, einfältiges, trauerndes oder von Not bedrängtes oder auch vor ein fürwitziges oder in Leidenschaft aufgeregtes Weib tritt plötzlich der Versucher. Er erscheint als schmucker Kavalier, als Junker, Jäger, Reiter oder auch als ehrsamer Bürgersmann und stellt sich unter eigentümlich-bedeutsamem Namen vor. Diese Namen sind an verschiedenen Orten verschieden; er nennt sich: Volland, Federlin, Federhans, Klaus, Höldelein, Peterlein, Kreutle; im Münsterlande: Frerichs, Rodderbusch, Jürgen.

In den Akten der Hexenprozesse kommen noch andere Namen vor: Junker Hans, Schönhans, Grauhans, Grünhans, Hans vom Busch, Heinrich, Grauheinrich, Hinze, Kunz, Künzchen, Teutchen, Nickel, Großnickel, Merten, Hemmerlin, Junker Storf, Junker Hahn, Göckelhahn, Schubbert, Jüngling, Schöne, Wolgemut, Wegetritt, Blümchenblau, Lindenzweig, Lindenlaub, Grünlaub, Eichenlaub, Grünewald, Zumwaldfliehen, Birnbaum, Birnbäumchen, Rautenstrauch, Buchsbaum, Stutzebusch, Stutzfeder, Weißfeder, Straußfeder, Federbusch, Flederwisch, Kehrwisch, Straußwedel, Grünwadel, Springinsfeld, Allerleiwollust, Reicheher, Leidenot, Hintenhervor, Machleid, Unglück, Schwarzburg, Dreifuß, Kuhfuß, Kuhhörnchen, Dickbauch etc. Er tröstet das Weib, verspricht ihr in ihren Bedrängnissen beizustehen, verheißt ihr vergnügtes Leben und großen Reichtum, mitunter auch droht und schreckt er. Er gibt ihr Geld, das sich aber meist über Nacht in Scherben oder Dung oder dürres Laub verwandelt.

Häufig sind es auch arme, verführte und von ihrem Liebhaber verlassene Mädchen, die sich dem Teufel überlassen und von ihm hexen lernen, um sich an ihrem untreuen Liebhaber oder ihrer Nebenbuhlerin zu rächen.

In Verdruß oder Zorn, namentlich in ehelichen Zwistigkeiten, läuft eine Frau von Hause weg – unterwegs stellt sie der böse Feind, spricht ihr zu, und sie ergibt sich ihm und verübt danach allerlei Schaden an ihrem Mann und der Nachbarschaft.

Was nun die eine freiwillig bekannt hatte, das wurde im Verlauf der Hexenverfolgungen tausend anderen als ein auf ihnen lastender Verdacht vorgehalten und von ihnen auf der Folter eingestanden.

In einem zu Freiburg i. B. verhandelten Prozeß vom Jahr 1546 gibt die Inquisitin, Anna Schweizer, genannt Besenmacherin, an: Sie sei an einen armen Taglöhner verheiratet gewesen, welcher sie mit einer Tochter bei seinem frühen Tode in der bittersten Armut zurückgelassen. Eines Abends seien sie beisammengesessen „und hätten nichts gehabt und Hunger gelitten", da sei auf einmal ein Mann mit einem schwarzen Rocke, einem schwarzen Filzhute und hohen Schuhen eingetreten. Er habe freundlich mit ihnen geredet, „und als sie ihm ihre Angst und Not angezeigt", habe er gesagt, „ihnen würde geholfen, so sie sich ihm ergeben; er sei der Hämmerlin und wolle ihnen alle Frohnfasten einen Gulden bringen. Aber Gott und allen Heiligen müßten sie abschwören." Das hätten sie dann auch aus Armut getan.

In dem badischen Städtchen Bräunlingen wurde Verena Hornung zum Tode verurteilt, nachdem sie (am 7. Mai 1632) auf der Folter ausgesagt: Als sie einst wegen Mangel an Nahrung sehr betrübt gewesen, sei der böse Geist in Gestalt eines Mannes und in schwarzen Kleidern zu ihr gekommen, habe sie getröstet und gefragt, was ihr Anliegen und wie ihr zu helfen sei, er wolle ihr Geld geben. Darauf habe er mit ihr gegessen und getrunken und ihr das Geld gegeben; als sie aber damit wieder heimgekommen, seien alsbald Hafenscherben daraus geworden. Dieser böse Geist habe sich Hölderlin genannt und sei nachmals öfter, tags und nachts, zu ihr gekommen. Da sie sich demselben ganz ergeben, so habe er sie, obgleich sie sich sehr widersetzt, durch Schläge endlich gezwungen, Gott und alle Heiligen zu verleugnen. Zum Zeichen des Bundes mit ihm habe er Haar von ihrem Kopfe genommen u.s.w.

Mit glatten Worten betört der böse Feind die Arme, verführt sie, das Bündnis mit ihm einzugehen, sich ihm hinzugeben – er drückt ihr mit seiner Kralle das Teufelszeichen (Stigma) auf und verschwindet. Nun gehen der Verblendeten die Augen auf, aber – sie kann nicht mehr zurück. Der Teufel nötigt sie, ihm sich zu verschreiben, Gott abzusagen und zu lästern. Nun muß sie dem Teufel dienen. Er unterweist sie, Menschen und Vieh Krankheit und Unfruchtbarkeit anzuhängen, die Christen an Leib und Seele, an Hab und Gut zu verderben, Gewitter und Wind zu machen, und gibt ihr ein Pulver, womit sie fremde Felder unfruchtbar machen kann u.s.w. Als Mittel dienen auch die Hexensalbe und allerlei Zauberformeln. Schon ein Apfel, ein Trank Bier von der Hexe dargeboten, ja schon ein Hauch, ein böser Blick kann zur Behexung genügen.

Die Hexe („Unholdin") ist bestrebt, unter den Menschen Haß und Zwietracht anzurichten, insbesondere Ehegatten einander zu entfremden, ihnen Abneigung gegeneinander beizubringen, das eheliche Zusammensein zu verhindern.

Die Hexe kocht ihre Hexensalbe im Schädel eines Hingerichteten und verwendet dazu die Herzen kleiner Kinder und dergleichen.

Wer sich dem Teufel ergeben hat, muß am Hexensabbat teilnehmen. Dieser wird vorzugsweise in den christlichen Festzeiten, Ostern, Pfingsten, Johannis, Weihnachten, auch im Monat Mai (Walpurgisnacht), gefeiert, auf benachbarten Bergen oder in Schlössern oder auf Heiden oder im Ratskeller oder an Kreuzwegen, auf Kirchhöfen oder anderen gelegenen Plätzen abgehalten. Im nördlichen Deutschland ist namentlich der Blocksberg Ziel der nächtlichen Ausfahrt.

Zum nächtlichen Hexensabbat reiten die Hexen auf Besen oder auf Ofengabeln, welche mit der Hexensalbe bestrichen werden. Der Weg geht durch den Schornstein oder das Kammerfenster mit dem Ruf „Wohl aus und an, stoß nirgend an!" oder dergleichen. Bei der großen Versammlung wird dem Teufel gehuldigt und finden Mahlzeiten statt, doch ohne Salz und Brot; häufig werden kleine Kinder verzehrt. Nach dem Essen beginnt der Tanz, und diesem folgt das unzüchtige Gelage mit den teuflischen Gesellen. Bei den Versammlungen kommt eine satanische Nachäffung der christlichen Sakramente vor; die Taufe wird mit Blut oder mit Schwefel und Salz vollzogen. Oft finden sich bei dem Teufelsbund Verschreibungen mit Blut, oft auch die einfache Huldigung.

Die Schilderungen einer aufgeregten Phantasie übten einen unwiderstehlichen Reiz durch schauerliche und zugleich die Lüsternheit fesselnde Gebilde. Bei dem fortwährenden Gerede darüber war man mit der ganzen Terminologie des Hexenwesens vertraut, und darin „fast mehr heimisch als im Katechismus."

Jene Zeit erblickte den Teufel überall und in tausend Gestalten: hinter jedem dunklen Blatte eines Strauches oder Baumes, hinter jedem verwitterten Stein oder alten Gemäuer, in jedem körperlichen Schmerze und jeder Versuchung witterte man seine Kraft und Wirksamkeit.

Der Volksglaube schon des 13. Jahrhunderts sieht den Teufel bald in Tiergestalt (als Kröte, Affe, Hund, Katze, als Drache etc.), bald in Menschengestalt, und zwar ebenso als Weib, wie als Mann, den Leuten erscheinen. Wir begegnen in allen Kreisen des Volkes der Überzeugung, daß der Teufel mit seinen Dämonen überall in die Angelegenheiten der Menschen eingreift und überall die Hand im Spiel hat.

An vielen Orten erzählte man sich von Zauberern und Zauberinnen, die von dem Teufel, dem sie sich ergeben, die Macht empfangen hätten, sich in Wölfe zu verwandeln und in dieser Gestalt einzeln oder in Scharen umherstreiften, Menschen und Tiere anfielen – als „Werwölfe." Im Eindruck und auf Vorhalt solcher Sagen gaben denn auch häufig die Angeklagten auf der Folter zu Protokoll, daß sie hätten „wulfen", in Wolfsgestalt Schaden stiften gekonnt.

Überblickt man die zahllosen Erzählungen von Hexen und Zauberern, so ist auffallend, daß trotz der großen satanischen Kunst und aller Vorspiegelungen, durch die sie berückt wurden, all diese Weiber in Elend und tiefer Armut stecken bleiben; auch die vermeinten Genüsse und Freuden bei den nächtlichen Zauberfahrten und anderem Verkehr mit dem Teufel geben ihnen keine wahre Befriedigung. Ein zweites charakteristisches Merkmal ist, daß der Teufelskult als durchgehende Parodie der christlichen Religion sich ausprägt und seinen Mittelpunkt darin findet, daß Hexe und Zauberer ihrer Taufe und dem christlichen Glauben abschwören. In diesen beiden Merkmalen, namentlich auch in dem des Betrogenwerdens durch den Teufel, liegt das tiefe Volksbewußtsein von der Wichtigkeit, aber auch Verwerflichkeit des ganzen Zauberwesens.

Zweiter Abschnitt.
Die Verfolgung.

Schon die ersten christlichen Kaiser des römischen Reichs bedrohten in ihren Gesetzen die Zauberei mit Todesstrafe. Sie erachteten dies um so mehr gerechtfertigt, als, nachdem der heidnische Kultus unterdrückt und verboten war, viele geheime Anhänger denselben unter der Form der Zauberei fortsetzten.

Auch die ältesten deutschen Rechtsbücher, der Sachsenspiegel und der Schwabenspiegel, setzten auf die Zauberei den Feuertod.

Die Volksmeinung hielt für unzweifelhaft, daß durch zauberische Mittel anderen Menschen Schaden an Leben, Gesundheit, Hab und Gut zugefügt werden, Verbrechen, welche um so strafbarer erschienen, als sie, ähnlich wie die Vergiftung, mit Leichtigkeit und in heimlicher Weise verübt, die gemeine Sicherheit in besonderem Grad zu bedrohen schienen.

Demgemäß setzte auch die peinliche Gerichtsordnung Karls V. (die *Carolina*) die Strafe des Feuers auf das Verbrechen der Zauberei, wenn durch dieselbe jemandem Schaden zugefügt werde.

Von einem Teufelsbündnis oder gar von Teilnahme an Hexensabbaten findet sich in dem Reichsgesetz nichts. Ebensowenig ist die Rede von Zaubermitteln, die nicht auf Schädigung gerichtet sind, sondern Heilungen von Krankheiten oder den Schutz von Saaten und Weinbergen bezwecken sollten.

Indes gingen die Juristen jener Zeit und unter ihrem Einfluß die Gerichte in ihrer Praxis viel weiter. Sie wurden in dieser Hinsicht von der Anschauung der Kirche beherrscht und vermeinten, mit Strafe auch da einschreiten zu müssen, wo es zunächst sich um kirchliche Vergehen handelte.

Die Kirche erblickte nämlich einen Abfall vom christlichen Glauben darin, wenn ein Christ sich den satanischen Mächten hingab, um mit ihrer Hilfe durch übernatürliche Mittel geheimnisvolle Wirkungen zu erzielen. So wurde die Zauberei mit der Ketzerei zusammengestellt. Hiernach fanden es auch die Juristen gerechtfertigt, daß auf den Bund, ja schon auf den Verkehr mit dem Teufel, dessen Realität für die Volksüberzeugung feststand, die Strafe der Zauberei, der Feuertod, gesetzt werde.

Die römische Kirche verfolgte Abweichungen von ihrer Lehre in der katholischen Christenheit als Ketzerei durch die Inquisition. Fiel nun das Hexenwesen unter den Begriff der Ketzerei, so erschien es angezeigt, auch zur Ausrottung derselben die kirchliche Inquisition aufzubieten.

So war in Frankreich schon im 14. Jahrhundert durch die Kirche der Hexenprozeß vollständig ausgebildet. Zauberei und Ketzerei wurden in der Regel als miteinander verbunden betrachtet. Daher finden sich sehr häufig Ketzer unter der Anklage der Zauberei vor die Inquisition geführt und verurteilt. In Carcasonne wurden von 1320 bis 1350 über 400 Zauberer prozessiert und davon die Hälfte hingerichtet; im Jahr 1357 kamen dort 31 Hinrichtungen vor. In Toulouse wurden in jenen drei Jahrzehnten 600 Urteile wegen Zauberei gefällt.

Fast in allen europäischen Ländern finden wir umfassende Hexenverfolgungen, namentlich auch in England, in der Lombardei, in Spanien, in Flandern, in den Niederlanden, in Schweden; ferner in der Schweiz, in Ungarn, in Tirol.

In Deutschland aber wurden die Inquisition und die Hexenverfolgung erst gegen Ende des 15. Jahrhunderts eingeführt. Es geschah dies von Papst Innozenz VIII. mittelst einer Bulle vom Dezember 1484. Es werde ihm berichtet, sagt der Papst, daß in Deutschland viele Personen beiderlei Geschlechts mit bösen Geistern sich verbinden, durch ihre Zaubereien Menschen und Tieren schaden, die Felder und ihre Früchte verderben, den christlichen Glauben ableugnen und andere Verbrechen vom Feinde des menschlichen Geschlechts getrieben begehen. Es werden deshalb zwei Professoren der Theologie, die Dominikaner Heinrich Institor (Krämer) und Jakob Sprenger, jener für Oberdeutschland, dieser für die Rheingegend, als Inquisitoren mit den ausgedehntesten Vollmachten bestellt. Sie sollen „wider alle und jede Personen, wes Standes und Vorzuges sie sein mögen, solches Amt der Inquisition vollziehen und die Personen selbst, welche sie schuldig befinden, nach ihrem Verbrechen züchtigen, in Haft nehmen, am Leib und am Vermögen strafen, auch alles und jedes, was dazu nützlich sein wird, frei und ungehindert thun und dazu, wenn es nötig sein wird, die Hilfe des weltlichen Arms anrufen."

Schon damals vermuteten manche, der Papst habe mit dieser Bulle etwas ganz anderes beabsichtigt; es seien zwar die Hexen genannt, aber eigentlich die Ketzer gemeint gewesen, um unter diesem für das gemeine Volk annehmbaren Vorwande nach und nach jene furchtbare Inquisition selbst einzuführen, welche in anderen Ländern schon seit dem Jahr 1216 bestand, gegen welche sich aber die Deutschen von jeher auf das kräftigste gesträubt hatten.

In der Tat wurden in der Folgezeit an vielen Orten, so namentlich in Bamberg, Würzburg, dem Münsterlande, die Prozesse wegen Zauberei als Mittel benutzt, die Gegenreformation durchzuführen, die Evangelischen und an anderen Orten namentlich die Waldenser zu verfolgen.

Institor und Sprenger unterzogen sich ihrem Auftrag mit größtem Eifer. Um auch mit den Waffen der Wissenschaft das ihrige zu tun, schrieben sie mit Approbation der theologischen Fakultät in Köln ein wahrhaft berüchtigt gewordenes Buch, den *Hexenhammer* (*Malleus maleficarum*), in welchem die Lehre vom Zauberbunde mit dem Teufel weitläufig auseinandergesetzt und Anleitung gegeben wird, die Hexen und Zauberer ausfindig zu machen und gerichtlich gegen sie zu verfahren. Dieses erstmals im Jahr 1489 zu Köln gedruckte Buch, welches bald die höchste Autorität in geistlichen und weltlichen Gerichten erlangte, lehrt namentlich die Anwendung der Folter in einem Umfange, wie sie seither unerhört gewesen: Wenn eine der Zauberei Verdächtige die Tortur ausgestanden und dennoch nicht zum Schrecken und Bekenntnis gebracht worden, so möge man die Tortur fortsetzen und die Angeklagte des zweiten oder dritten Tages wieder auf die Folter legen. Bekennt sie, so werde sie dem weltlichen Arm übergeben, an ihr die Todesstrafe zu vollziehen. Leugnet sie, so mag sie der Richter in den schmutzigsten Kerker werfen, um sie mit der Zeit zum Bekenntnis zu bringen; es dauere nun eine kurze Zeit oder Jahre.

Von dem *Hexenhammer* sagt ein Schriftsteller aus dem Anfang des 18. Jahrhunderts: „Dieses ist das Buch, nach welchem und den darin angenommenen Lehrsätzen einige Hunderttausend Menschen um ihre Ehre, ihr Hab und Gut und um ihr Leib und Leben gebracht und nach einer grausamen Marter durch einen erschrecklichen Tod sind hingerichtet worden."

Während früher die geistliche Gerichtsbarkeit den Prozeß wegen Zauberei eingeleitet und die Schuldigbefundenen dem weltlichen Arm zur Strafvollstreckung übergeben hatte, zogen später die weltlichen Gerichte das Verbrechen der Zauberei ausschließlich vor ihr Forum, wobei sie aber ganz dieselben Gesichtspunkte verfolgten wie die kirchliche Inquisition.

Wesentlich befördert wurde die Verfolgung der Zauberer und Hexen durch eine in jener Zeit eingetretene Umbildung des Strafverfahrens. Ein solches konnte überhaupt nach dem älteren deutschen Recht nur auf Anklage eingeleitet werden, wo dann der Ankläger dem Angeklagten offen gegenübertreten und die Wahrheit seiner Anklage erweisen mußte, und zwar in der Regel durch „Eidhelfer", d. h. indem andere glaubwürdige Männer mit ihm durch Eid die Zuverlässigkeit seiner Angabe bekräftigten. Dies änderte sich im 15. Jahrhundert. An die Stelle des akkusatorischen trat das inquisitorische und geheime Verfahren. Der Strafprozeß wurde nicht mehr bloß auf Anklage, sondern von Amts wegen eingeleitet, und bezüglich des Beweises machte man alles vom Geständnis des Angeklagten abhängig, welches der Richter auf alle Weise herbeizuführen suchte. Als energisches Mittel hiezu wurde nach dem Vorgange der Italienischen Doktrin und Praxis auch von der deutschen Wissenschaft und Praxis zur Folter gegriffen und dieselbe nach und nach durch Landesgesetze und im 16. Jahrhundert durch die Reichsgesetzgebung in der peinlichen Gerichtsordnung Karls V. bestätigt.

Während aber die gesetzliche Regel eine Anwendung der Folter ursprünglich erst dann zuließ, wenn durch andere Beweismittel sattsame Anhaltspunkte für die Schuld des Angeklagten gewonnen waren, setzte sich bei Hexenprozessen die gerichtliche Praxis bald über diese Schranke hinweg und stellte den Grundsatz auf: Die Zauberei bilde ein Ausnahmeverbrechen, bei welchem schon ein leichter Verdacht, schon entfernte Anzeigen (Indizien) es rechtfertigten, zu Erhebung der Wahrheit, zu Erlangung von Geständnissen, auf Folter zu erkennen. Es genügte, daß die Angeschuldigte im Geruche der Hexerei stand.

Haß, Mißgunst, Bosheit durften einem Weibe nur nachsagen, sie sei eine Hexe; so galt sie dafür – und, kam es nur erst zur Folter, so war selten mehr ein Entrinnen; sie war dem fast sicheren Tode verfallen.

Da bezeugte nun der eine, die Angeschuldigte gelte seit längerer Zeit im Dorfe als verdächtig; der andere, es sei im letzten oder vorletzten Sommer ein Gewitter gewesen um dieselbe Zeit, als jene von dem Felde zurückgekommen; ein dritter hatte bei einem Hochzeitsschmause plötzlich Leibweh verspürt, und es hatte sich später ergeben, daß die Angeklagte gerade um diese Zeit vor dem Hause vorübergegangen war; einem vierten war nach einem Wortwechsel mit derselben ein Stück Vieh krank geworden; ein unwissender Arzt erklärte eine Krankheit für einen „Nachtschaden", d. h. durch Zauberei bewirkt.

Ein schwerer Verdachtsgrund war es, wenn die Angeschuldigte anderen geschadet haben sollte. Und auch hier nahm man es mit dem Kausalzusammenhang außerordentlich leicht. Hatte ein Hagel die Felder eines Dorfes zerstört, oder fiel einem Bauern schnell ein Stück Vieh, oder wurde sein Kind krank, und eine darauf als Hexe Angegebene gestand am Ende auf der Folter, daß sie mit Hilfe des Teufels gehagelt oder das Vieh verzaubert oder dem Kinde etwas angetan habe – so zweifelte man nicht im geringsten am Kausalzusammenhange; man hatte ja das Geständnis und den eingetretenen Schaden, und der Kausalzusammenhang wurde durch den festen Hexenglauben vermittelt. Eine im Geruche der Hexerei Stehende durfte nur einmal einem Nachbarn Böses angewünscht haben und dieser oder sein Kind oder seine Kuh später krank werden: So hatte es die Hexe ihm angetan. Ebenso genügte, daß die angebliche Hexe einen Menschen angerührt hatte, welcher nachgehends krank wurde.

Bei einem Hexenprozeß in dem württembergischen Städtchen Möckmühl im Jahre 1656 waren Hauptanzeigen, wegen welcher die Angeschuldigte gefoltert und dann auf ihr erzwungenes Geständnis hingerichtet wurde: daß ein Bauer von ihr Kuchen zu essen bekommen habe, worauf ihm unwohl geworden; ferner daß ein Bauer von ihr einen alten Sack entlehnte, mit dem er unbefugterweise seine Hosen füttern ließ, und er dann später am Knie einen Schaden bekommen; endlich daß sie einem Bauern gedroht habe, woran sein Ochse krank geworden.

Einst wurden in Österreich (auf dem Pliezenberg bei Fulneck) zwei Weiber verbrannt, „weil sie zur Sommerszeit viel in Felsen und Wäldern herumgewandelt und Kräuter gesucht" hatten.

Im Jahr 1665 wurde ein Weib zum Tode verurteilt, deren Prozeß damit anfing, daß eine Nachbarin gesehen haben wollte, wie sie nach empfangenem Abendmahl beim Umgang um den Altar den Mund wischte; daraufhin ward sie bezichtigt, die Hostie aus dem Mund genommen zu haben, um sie zu Zaubermitteln zu verwenden.

Die ganze Phantasie der Menschen war durch die Hexenprozesse vergiftet. Wo nur in einer Gemeinde Unglücksfälle, Beschädigungen oder Unfälle irgendeiner Art sich ereigneten, schrieb man sie den Hexen zu.

Der unschuldigste Mann war gegen eine Anklage nicht gesicherter als der schlimmste Bösewicht; denn der Verdacht konnte sich gegen jeden richten. Ereignete sich z. B. irgendwo ein Unglücksfall, trat eine langandauernde Dürre ein, vernichtete ein Gewitter mit Platzregen oder Hagelschlag Felder und Fluren, schlug der Blitz ein, wurde das Vieh auf der Weide oder im Stalle von einer Seuche befallen, erkrankte irgendeine Person aus ihr unbekannten Gründen, so war man fest überzeugt, daß ein Zauberer oder eine Hexe im Orte ihr Unwesen trieb. Jedermann forschte nach, wer wohl der Zauberer oder die Hexe sei.

Hatte etwa jemand während eines Gewitters allein an der Stelle im Felde gestanden, wo sich das Gewitter erhob oder zuerst entlud, so war das ein schwerer Verdachtsgrund gegen ihn. Denn warum stand er dort in jener Zeit, wenn er nicht das Gewitter herbeirufen wollte? Hatte ferner ein Mann oder eine Frau ein Stück Vieh gelobt oder gestreichelt, das später erkrankte, oder einen Menschen unvermutet angesprochen oder schief angesehen, der sich bald nachher unwohl fühlte, so trugen sie auch unzweifelhaft die Schuld an der Erkrankung des Viehes oder des Menschen. Der eine sprach den Verdacht gegen einen Freund im Vertrauen aus, der andere brachte ihn auf die Straße; man redete davon hin und her, bis er sich festsetzte.

Einem Bürgersmann in einem Landstädtchen fiel sein Pferd bei Nacht. Darauf kommt er zu einer ehrbaren Matrone, verlangt von ihr Bezahlung seines Pferdes, wenn sie nicht wolle als Hexe angegeben sein; denn es sei ihm gezeigt worden, daß sie es dem Pferde angetan habe. Die Frau schickt ihn entrüstet weg. Er aber klagt vor dem Schöffengericht der Stadt die Frau an als eine Hexe und Erwürgerin seines Pferdes. Die Frau wird gefänglich eingezogen und erst der Wasserprobe unterworfen, danach auf die Folter gelegt. Nachdem sie hier zweimal an der Leiter aufgezogen worden, bekannte sie. Aber gleich nach der Peinigung widerrief sie und protestierte: Ihr Bekenntnis sei nur durch den unleidlichen Schmerz erzwungen. Mit Fortsetzung der Folter bedroht, erklärte sie endlich, sie wolle sich lieber lassen verbrennen und sterben, als noch einmal so grausame Pein leiden, welche ihr widerfahren würde, wenn sie auf ihrer Unschuld beharrte. Sie bekannte also, was man von ihr verlangte und wurde als Hexe verbrannt.

Man suchte nach Anhaltspunkten für die Begründung des Verdachts. Und was galt da nicht alles für ein Zeichen der Schuld! Hatte der Verdächtige sich durch Ordnungsliebe, Fleiß und Sparsamkeit ein gutes Fortkommen gesichert, so warf ihm der Teufel die blanken Goldstücke scheffelweise durch den Schornstein; war er als leichtsinnig und verschwenderisch bekannt, so konnte man von einem Menschen, der mit dem Teufel Umgang pflog, nichts Besseres erwarten. Besuchte er regelmäßig die Kirche und sprach er mit Abscheu über Zauberer und Hexen, dann suchte er heuchlerisch den Verdacht von sich abzulenken; hatte er einen Zweifel an der Wirklichkeit des Hexentreibens zu äußern gewagt, so entsprangen solch frevelhafte Worte nur einem schuldbeladenen Gewissen.

Die geringfügigsten Umstände konnten in Verdacht bringen. Wenn eine Person lange in den Tag hinein schlief, so folgerte man, daß die nächtlichen Hexenzusammenkünfte sie müde machten; wenn sie Wunden oder Striemen am Leibe hatte und man wußte die Ursache nicht, so war es eine Anzeige, daß es der Teufel, mit dem sie zu schaffen gehabt, getan.

War die Angeschuldigte bei der Verhaftung erschreckt – so galt es als Anzeige der Schuld; war sie gefaßt – so galt es noch mehr dafür; denn wer anders, als der Teufel, sollte ihr diese Fassung geben!

Als Verdachtsgrund galt namentlich die Flucht, die doch höchst natürlich war, da man allgemein wußte, wie man damals folterte. Und dabei nahm man auch den Beweis der Flucht auf das leichtfertigste. So erzählte der Jesuit Spee, welcher im Anfang des 17. Jahrhunderts in Würzburg lebte:

„Es kam aus einem Dorf eine Frau zu mir gelaufen, sich Rats bei mir zu erholen, und mir zu beichten, daß sie denunziert worden; sie sei gleichwohl nicht der Meinung, daß sie fliehen wollte, sondern sie wollte wieder heim gehen, welches ich ihr dann auch geraten. Sie bekümmerte sich aber vornehmlich darum, daß, wenn sie etwa gefangen genommen und gefoltert würde, sie aus Schmerzen über sich lügen, und sich also selbst in die ewige Verdammnis stürzen möchte. Ich gab ihr zur Antwort, daß diejenigen, welche solchergestalt lügen müßten, nicht tötlich sündigten, derowegen sie denn auch des andern Tags wieder nach ihrem Dorf gegangen und darauf alsbald – weil es hieß, sie wäre flüchtig geworden – gefänglich eingezogen und alsbald gefoltert worden, da sie denn auch die Schmerzen nicht ausstehen können, sondern sich zu dem Laster bekannt und darauf den Tod ausgestanden hat."

Die gefährlichste Anzeige aber, welche zugleich erklärt, wie aus einem Hexenprozesse Hunderte von Hexenprozessen entstanden, war die Aussage der Gefolterten auf Mitschuldige. Der Richter will von ihr, wenn sie der Hexerei geständig ist, auch wissen, wer zugleich mit ihr auf dem Hexentanz gewesen. Sie wird gefoltert, bis sie in Verzweiflung die nächsten besten nennt, oder die Namen, welche der Richter ihr vorsagt, bejaht. Oft ergreift sie auch Unmut oder Bosheit: Warum soll sie allein die Gemarterte sein? In Bamberg wurde im Jahr 1629 ein armes Weib gefoltert auf die Angabe derer, die sie auf dem Hexentanze gesehen haben wollten. Unter Tränen ruft sie aus: „Mich armen Tropfen hat man von meinen Kindern genommen, und die Vornehmen verschont man!" Und nun gibt sie, um es auch den Vornehmen einzutränken, lauter solche an, den Bürgermeister von Bamberg und seine Frau, den Forstmeister, die Apothekerin und so fort, und die meisten von denen, die sie angab, brachte dann die Folter auf den Richtplatz.

In Nördlingen wurde im Jahr 1590 die Frau eines angesehenen Beamten in Untersuchung wegen Hexerei gezogen. Nichts lag gegen sie vor als die Aussage einiger Weiber, sie auf dem Hexentanz gesehen zu haben. Durch die Folter preßt man ihr ein Geständnis aus. Man will aber auch Mitschuldige wissen; sie bittet, man solle sie nicht zwingen, auf Unschuldige zu bekennen und diese in gleiche Gefahr zu stürzen! Allein wiederholte Foltern pressen ihr einige Namen aus, – und sie und die von ihr Angegebenen fanden ihren Tod auf dem Scheiterhaufen.

Wehe demjenigen, der früher in einem Hexenprozeß als Schuldiger angegeben worden oder mit einem Gerichteten in Freundschaft oder Verwandtschaft stand. Für ihn gab es kaum noch ein Mittel, sich zu retten.

Diese „Besagung", die Aussage der Gefolterten auf andere Personen, welche sie bei der Hexenversammlung gesehen habe, war besonders dann belastend, wenn mehrere Angeschuldigte einen und denselben Namen genannt hatten, eine Übereinstimmung, welche sehr häufig durch Richter und Folterknechte oder Gefangenwärter durch Vorhalt, wie: „Ei, kennst du denn die und die nicht auch?", „War die N. nicht auch auf dem Tanz?" und dergleichen erwirkt wurde. Häufig bereute danach die Besagende, daß sie Unschuldige angegeben; sie möchte ihre Aussage widerrufen. Allein, sowie sie dies tut, wird sie abermals auf die Folter gelegt. Die Furcht vor neuer Folter hindert sie, die Besagung zu widerrufen. „Denn", so schreibt ein Augenzeuge jenes Prozesses, „es kann keiner, der die Folter nicht selbst versucht, glauben noch begreifen, was dieselbige vermag, und wie sehr solche diejenigen scheuen, die sie einmal geschmeckt haben." Und, fügt derselbe hinzu: Wie oft mochten diese Gequälten in ihrer Phantasie betört und geblendet sein, daß sie meinen, sie haben gesehen, was sie in Wahrheit nicht gesehen haben.

Diese letztere Auffassung der Angaben über Hexenversammlungen findet sich auch schon in einer Schrift über die Hexen von Ulrich Molitoris, Prokurator der bischöflichen Kurie zu Konstanz, vom Jahr 1489. Hier ist ausgeführt, daß solche Weiber zwar aus Verzweiflung oder Armut oder Haß oder um anderer Versuchungen willen von Gott abfallen und mit dem Teufel ein Bündnis eingehen, – daß aber ihre Angaben von nächtlichen Luftfahrten auf Selbsttäuschung, Träumen, allzu reizbarer Phantasie u. dgl. beruhen.

Indes nahm die Verfolgung ihren Fortgang. Die Inquisitoren zogen da und dort von Stadt zu Stadt, von Dorf zu Dorf, und forderten durch Anschlag am Rathaus oder der Kirche auf, jede Person, von welcher man etwas Zauberisches wisse, anzuzeigen. Dabei wurde jedes Zeugnis als vollgültig betrachtet, selbst das der Eheleute gegeneinander, der Kinder gegen die Eltern. Hie und da sendeten die Untersuchungsrichter Späher in die Gemeinden und fanden dann in den bedeutungslosesten Äußerungen, welche Kinder im Verkehr miteinander taten, einen willkommenen Anlaß zur Einleitung eines Hexenprozesses.

Im Jahr 1662 kam es vor, daß in dem Ort Deizisau (bei Eßlingen am Neckar) der zehnjährige Sohn eines Schmieds zu einem seiner Schulkameraden sagte: „Meine Ahne (Großmutter) ist auch nichts nutz; ich bin mit ihr bei Nacht schon ausgefahren." Obwohl bezeugt wurde, der Bube habe ein böses, tückisches Gemüt, sollte nun die alte Großmutter verhaftet und gefoltert werden. Sie wurde lange verfolgt, bis man endlich im Waldesdickicht ihre halbverweste Leiche auffand.

Der Hexenwahn schonte kein Alter und kein Geschlecht. Männer und Frauen, Vornehme und Geringe, Gebildete und Ungebildete fielen ihm in gleicher Weise zur Beute. Seine Fangarme umspannten das Kind in der Wiege und den Greis am Rande des Grabes, den Mann bei der Arbeit wie die Mutter im Kreise der Familie. Vor ihm schützte keine Tugend, kein Laster, nicht die strengste Zurückgezogenheit, noch das Hinaustreten ins öffentliche Leben. Der Wanderstab lieferte in die Hände der Ketzerrichter; aber auch das Vaterhaus schützte nicht vor Verdacht und Angebereien. Freundschaft und Feindschaft konnten gleich verderblich werden; die Bande des Blutes wirkten gefahrdrohend nach auf Kinder und Kindskinder. Denn hatte sich eine Mutter unter den Qualen der

Folter als Hexe bekennen müssen, so traf die Kinder die Anklage, daß sie eine Teufelsbrut seien; wurde ein Familienvater verurteilt, so fahndete man bald auch auf seine Hausangehörigen, als von demselben Verbrechen selbstverständlich angesteckt.

War nun die Sache von irgendeiner Seite vor den Untersuchungsrichter gebracht, so sammelte dieser die Verdachtsgründe, ohne daß der Beteiligte etwas davon erfuhr. Freunde und Feinde, Nachbarn und Fremde wurden über sein bisheriges Tun und Lassen, über die Gerüchte, die sie über ihn gehört, über alle Worte, die er zufällig oder absichtlich gesprochen hatte, befragt und ihnen strenge Verschwiegenheit auferlegt und zugesichert. Ihre Aussagen bildeten das Material der Anklageschrift, auf welche hin das Gericht die Einleitung des Prozesses und zunächst die Festnahme des Angeklagten verfügte.

Dritter Abschnitt.
Wasserprobe und Nadelprobe.

Wenn nun solche „Anzeigen" gegen eine Person vorlagen, so konnte gegen sie auf Folter erkannt werden. Häufig aber unterzog man sie vorher noch der „Wasserprobe". Sie wurde entkleidet, darauf kreuzweis gebunden, so daß die rechte Hand an die große Zehe des linken Fußes und die linke Hand an die große Zehe des rechten Fußes fest geknüpft war und sie sich nicht rühren konnte. Darauf ließ sie der Henker an einem Seile in einen Fluß oder Teich dreimal hinab. Welche nun in solcher Positur oben schwammen, die wurden für Hexen gehalten und von dem Wasser, wenn sie nicht durch freiwilliges Bekenntnis zuvorkamen, an die Tortur gebracht.

Diese Wasserprobe stützte man bald auf die Meinung, daß den Hexen vom Teufel eine spezifische Leichtigkeit des Körpers verliehen sei, welche sie nicht untersinken lasse, bald auf den Satz, das Wasser nehme die nicht in seinen Schoß auf, welche das Taufwasser – bei der Lossagung vom christlichen Glauben – von sich geschüttelt hätten.

Oft aber wurde erhoben, wie der Henker boshafterweise die Unglückliche in der Art an seinem Seil über dem Wasser gehalten hatte, daß sie nicht sinken konnte. Und die medizinische und philosophische Fakultät zu Leiden gab ihr Gutachten schon unter dem 9. Januar 1594 dahin ab, daß die Wasserprobe in keiner Weise als Beweismittel gelten könne; denn, daß die angeblichen Hexen so oft auf dem Wasser schwämmen, erkläre sich aus der Art, wie sie kreuzweise gebunden ins Wasser gesenkt würden, indem sie auf dasselbe mit dem Rücken wie kleine Schiffchen zu liegen kämen.

Gleichwohl brachte man dies „Hexenbad" mit Vorliebe fortwährend, oft vor Hunderten von Zuschauern, gegen halbwegs Verdächtige in Anwendung.

Bürgermeister und Schöffen der Stadt Herford ließen (1627-31) eines Morgens über 30 Weiber, welche der Zauberei bezichtigt worden, aus ihren Betten aufs Rathaus holen, wo ihnen die Wasserprobe angekündigt wurde. Sofort wurden sie vom Nachrichter gebunden aufs Wasser geworfen und, da sie oben schwammen, festgenommen und auf die Tortur gebracht. Nachdem man durch Pein und Martern Bekenntnisse erlangt, wurden sie sämtlich vor das peinliche Halsgericht gestellt, zum Feuertode verurteilt und verbrannt.

Eine andere Probe, die in der Regel mit der Verdächtigen vorgenommen wurde, ehe man zu Anwendung der Folter schritt, mitunter auch, wenn sie auf der Folter standhaft geblieben war, hieß die Nadelprobe oder das Aufsuchen eines Hexenzeichens am Körper der Angeschuldigten.

Man glaubte nämlich, am Körper einer wirklichen Hexe gebe es Stellen, welche gefühllos seien und kein Blut enthalten, so daß, wenn mit einer Nadel hineingestochen werde, die Hexe es nicht fühle und kein Blut fließe. Die Angeschuldigte wurde daher dem Henker übergeben, welcher an ihrem ganzen Körper nach einem solchen Hexenstigma sucht und mit der Nadel in jede ihm auffallende Stelle (Muttermale, Leberflecken, Narben u. drgl.) sticht, um zu erproben, ob Blut fließe. Dabei kam es häufig vor, daß der Untersuchende boshafterweise statt mit der Spitze, mit dem Knopf der Nadel auf die Stelle drückte und nun diese für ein Hexenzeichen erklärt wurde; oder daß er sich nur stellte, als ob er steche, und darauf rief, er habe das Zeichen gefunden, die Stelle sei unempfindlich und es fließe kein Blut.

Nun war es über allen Zweifel erhaben, daß dieses Malzeichen der Angeklagten vom Teufel aufgedrückt worden sei, als Besiegelung des mit ihm eingegangenen Bündnisses, daß sie also wirklich eine Hexe sein müsse. Daraufhin mußte gefoltert werden, bis sie sich zum Geständnis aller für den Untersuchungsrichter vornherein unzweifelhaften Taten herbeiließ.

Häufig wurde der Prozeß schon mit dem Aufsuchen des Hexenzeichens eröffnet. Auf bloßes „Besagen" oder irgendeinen anderen Verdachtsgrund hin wurden Frauen und Mädchen festgenommen und vom Scharfrichter auf das Hexenmal in der angegebenen Weise untersucht.

Vierter Abschnitt.
Die Folter.

Die furchtbarste Waffe der Hexenrichter lag in der Folter, in dem Mittel, durch unerträgliche Qualen dem Verdächtigen Geständnisse abzunötigen.

Im 15. Jahrhundert erhielten manche Gerichte von den Kaisern besondere Privilegien, durch welche sie zum Richten auf Leumund ermächtigt wurden, d. h. zur Verurteilung der Verdächtigen auch ohne Zeugen der Tat oder Eideshelfer des Anklägers, wenn der Rat oder das Gericht erkenne und spreche, „daß sie ihrer Stadt Lande oder Leute heimlich oder öffentlich schädliche Leute seien." Doch sollte nicht auf bloßen Verdacht oder Wahrscheinlichkeit hin gerichtet werden, sondern nur, wenn dem Gericht gar kein Zweifel mehr an der Schuld des Angeschuldigten übrig bleibe. Um nun die Schuld festzustellen, suchten die Gerichte auf alle Weise ein Geständnis zu erzielen, und als Mittel hiefür wurde bald durch gelehrte Autoritäten – die Tortur empfohlen. Selbst kaiserliche Privilegien ermächtigten einzelne Gerichtsherren, daß sie „die übelthätigen verläumdeten Leute, wo sie betreten würden, antasten, sahen und ihrer Mißhandlung nach mit peinlicher Marter fragen und auf eines Jeden Bekenntnis und offenbare Handlung richten, strafen und büßen sollen mögen, wie Richter und Urteilssprecher daß erkennen."

Mit der Anwendung dieser „peinlichen Frage" nahm man es bei Anklagen auf Zauberei besonders leicht. Denn diese galt als ein so schweres Verbrechen, daß man sich an die gewöhnlichen Schranken des Verfahrens nicht zu binden brauchte. Man konnte also schon auf Denunziationen hin zur Folter schreiten. An vielen Orten wurden daher die verfolgten Weiber, „alsbald sie gefänglich eingezogen worden", sofort der Tortur unterworfen.

Es lebte zu Würzburg in jenen zwanziger Jahren des 17. Jahrhunderts, in welchen dort so viele als Hexen Angeschuldigte gemordet wurden, ein junger Jesuit, Friedrich von Spee, aus einem adelichen norddeutschen Geschlecht. Er befand sich als Pater damals in Franken und hatte als Beichtvater viele jener Unglücklichen zum Tode vorzubereiten und sie zum Scheiterhaufen zu begleiten.

Die Mitteilungen, welche ihm die Verurteilten im Angesichte des ihnen gewissen Todes machten, veranlaßten ihn, in edlem Eifer der Wahrheit ein Buch an die Obrigkeiten Deutschlands (*Cautio criminalis seu de processibus contra sagas*) zu schreiben, in welchem er die Ungerechtigkeiten in den Hexenprozessen darlegte und die damalige Praxis der Gerichte einer strengen Kritik unterzog. Auf einzelne Fürsten wirkte dies Buch, wie z. B. der Churfürst von Mainz, Johann Philipp von Schönborn, durch dasselbe bewogen, solange er regierte, keine Hexe verbrennen ließ. Allein im ganzen verhallte es erfolglos bei den Juristen und Theologen jener Zeit.

Spee erzählt, es hätten ihm ganz kräftige und mutige Männer, welche gefoltert worden, versichert, es könne kein Schmerz gedacht werden, der so heftig und unausstehlich sei, wie der der Tortur jener Zeit, und sie würden sofort auch die abscheulichsten Verbrechen, an die sie nie von weitem gedacht hätten, auf sich nehmen und bekennen, wenn man sie wieder mit der Folter bedrohen würde, und lieber, wenn es möglich wäre, zehnmal sterben, als sich noch einmal foltern lassen.

Mit Qualen, welche furchtbarer waren als je eine Strafe sein konnte, wurden die Angeschuldigten, die in unzähligen Fällen unschuldig waren, gemartert und von ihnen das Geständnis dessen erpreßt, was sie getan oder was sie auch nicht getan, nicht einmal gedacht hatten, was sie aber am Ende als ihre Tat gestanden, um nur den unerträglichen Qualen der Folter zu entgehen. Und überstand auch je der Gefolterte die mehrmals wiederholte Folter mit Standhaftigkeit: So war der Lohn seines Schweigens oder seiner standhaften Unschuld ein sieches unglückseliges Leben und ein zerrissener, zerfleischter oder halbverbrannter Körper.

Zunächst freilich suchte man ein gütliches Bekenntnis zu erlangen. Aber durch welche Mittel! Man bedrohte die Angeschuldigten mit der Folter und machte ihnen gewöhnlich gleich den Vorhalt: „Sie sollten die Wahrheit gestehen, damit man nicht nötig haben möchte, dieselbe durch andre Mittel aus ihnen zu bringen." Gestanden sie nun, so hatten sie freiwillig gestanden! Man wendete gegen sie die sogenannte Territion an, d. h. sie mit der Folter zu schrecken. Der Scharfrichter mußte vortreten, sie wurden zur Folter zurechtgemacht, die Folterwerkzeuge wurden ihnen vorgezeigt, ihre Anwendung erklärt, selbst einzelne ihnen angelegt; gestanden sie nun: So war es immer noch ein freiwilliges Geständnis, ein Bekenntnis in Güte!

Führte die Aufforderung des Richters, die Angeschuldigte möge nur gleich eingestehen, was ihr vorgehalten worden, nicht zum Ziel, „dann", so schreibt ein Augenzeuge, „kommt der Henker mit seinem greulichen Folterzeug dazu. Welches Weib, wenn sie das vor Augen sieht, sollte nicht darob erschrecken, dermaßen, daß sie bekennet, was ihr nie in Sinn kommen wäre, zu thun?"

Und worin bestanden die Vorbereitungen zur Folter! Diese waren besonders für Frauen so entsetzlich, daß eine ehrbare Frau lieber alles, was man ihr zur Last legte, gestehen und den Tod erleiden mochte, eine Prozedur, deren Anwendung vielfach aktenmäßig bezeugt ist und von angesehenen Juristen bei Anschuldigung wegen Hexerei nicht beanstandet wurde. „Ehe sie gefoltert wird, führt sie der Henker beiseite und besiehet sie allenthalben an ihrem bloßen Leib, ob sie sich etwa durch zauberische Kunst unempfindlich gemacht hätte, und damit ja nichts verborgen bleibe, schneiden und sengen sie ihr mit einer Fackel oder Stroh die Haar allenthalben und auch an dem Orte, den man vor züchtigen Ohren nicht nennen darf, ab und begucket alles aufs genaueste." Der

Scharfrichter hatte also die Angeschuldigte zu entkleiden und am ganzen Körper auf verborgene Amulette oder Zaubermittel zu untersuchen.

Bei diesen Prozeduren war die Angeklagte, nackt und gebunden, auf der „Reckebank" den rohen Händen des Scharfrichters und seiner Gehilfen völlig preisgegeben.

Und nun ging es zur eigentlichen Tortur.

Den Anfang der „peinlichen Frage" machte man gewöhnlich mit dem Daumenstock: Die Daumen wurden zwischen Schrauben gebracht, diese langsam zugeschraubt und so die Daumen gequetscht, bis das Blut heraustrat. Half dieses nicht zum Bekenntnis, so nahm man die Beinschraube oder „Spanischen Stiefel", durch welche Schienbein und Wade zusammengepreßt wurden, nicht selten so, daß die Knochen zersplitterten, und zur Erhöhung der Schmerzen wurde zwischendurch mit dem Hammer auf die Schraube geklopft.

Statt der einfachen Beinschraube werden wohl auch die „gezähnten Schrauben" an die Schienbeine gelegt, „da dann", wie ein Augenzeuge berichtet, „die Empfindlichkeit und Schmerz am größten ist, indem man damit dem armen Menschen das Fleisch und die Schienbeine zusammenschraubt, also daß das Blut herabfließt, und viele dafür halten, daß solche Folter auch der allerstärkste Mensch nicht ausstehen möchte."

Der nächste Grad war der „Zug" oder die „Expansion" oder „Elevation"! Die Hände wurden auf den Rücken gebunden und an denselben ein Seil befestigt und an diesem der Körper bald frei in der Luft schwebend durch einen an der Decke angebrachten Aufzug (Rolle), bald an einer aufgerichteten Leiter, in deren Mitte eine Sprosse mit kurzen spitzen Hölzern (der „gespickte Hase"), worauf der Rücken zu liegen kam, angebracht war, langsam in die Höhe gezogen und ausgespannt, bis die Arme verkehrt und umgedreht über dem Kopfe stehen, auch wohl völlig ausgerenkt sind. Dann läßt man ihn einige Male unversehens herabschnellen und zieht ihn wieder auf.

Erfolgt noch kein Geständnis, so hängt man schwere Gewichte an die Füße oder auch nur an die großen Zehen und läßt den so angespannten Körper eine Stunde und länger hängen, um die Glieder noch qualvoller auseinanderzurecken.

In Württemberg bediente man sich der sog. Wippe, die darin bestand, daß man dem Angeklagten Hände und Füße zusammenband und sie dann in einem über eine Rolle laufenden Seil auf- und niederzog. Bei dem zweiten Grade der Folter wurde ein leichterer, bei dem dritten ein schwerer Stein (bis zum Gewicht eines Zentners) angehängt, was Verrenkungen der Glieder zur Folge hatte.

Inzwischen trat wohl auch das Gericht ab, um sich beim Morgentrunk und Schmause zu erholen und überließ den Gemarterten stundenlang seinen entsetzlichen Qualen, ob er sich mittlerweile besinnen und zum Bekenntnis mürbe werden wollte.

An einigen Orten gab man dem Gefolterten einen hitzigen Trank ein, damit er in der Verwirrung Aussagen machen solle.

Während sie in die Höhe gezogen werden, läßt der Richter ihnen die Aussagen anderer Angeschuldigter mit Verschweigen der Namen vorlesen, um sie dadurch zum Geständnis zu bringen.

Namentlich setzten der Inquirent und der Scharfrichter ihre Ehre darein, durch die auf der Folter erpreßten Namen anderer Personen, auch diese und so immer mehrere in die Untersuchung zu verflechten. Sie verbanden für diesen Zweck die geistige mit der leiblichen Folter, indem sie durch allerlei Vorhalte, als ob diese und jene Person auch schon des Verbrechens überwiesen sei, den Gefolterten veranlaßten, auf die betreffende Person auszusagen und als Zeuge gegen sie aufzutreten.

In Ortenberg wurden 1627 mehrere Hexen verbrannt. Diese hatten mehrere Offenburgerinnen als Mitschuldige angegeben. So nahm denn auch in Offenburg die Verfolgung ihren Anfang, wozu man sich die Folterwerkzeuge, namentlich einen Hexenstuhl, nach dem Muster des Ortenbergers verschaffte.

War der „Peinmann" (Henker) von besonderem Eifer, so griff er zu neuen Foltermitteln: Er gießt siedheißes Öl oder Branntwein auf die Schienbeine.

Auch eine Drehscheibe kommt vor, welche das Fleisch aus dem Rücken des Gefolterten reißt.

In einem Bamberger Protokolle steht, daß ein der Zauberei Angeschuldigter dreimal eine halbe Stunde lang mit Beinschrauben und Daumenstock gefoltert und am Ende, da er nicht gestand, an einem Strick acht Schuhe hoch von der Erde aufgezogen und ihm an die große Zehe ein Gewicht von zwanzig Pfund gehängt wurde. Führte auch solche Folter nicht zum Ziel: So träufelte man dem Inquisiten brennenden Schwefel oder brennendes Pech auf den nackten Körper oder hielt ihm brennende Lichter unter die Arme oder unter die Fußsohlen oder an andere Teile des Körpers.

Dazu kamen noch besondere Martern, z. B. Eintreiben von Keilchen zwischen die Nägel und das Fleisch der Finger und Zehen.

Sehr häufig wurden die „Aufgezognen" mit Ruten gestrichen oder mit Riemen zerhauen, an deren Enden Bleistücke oder kleine Hacken befestigt waren, wodurch der Körper zerfetzt werden mußte.

Auch ein in England erfundenes Foltermittel wurde in Deutschland hie und da (z. B. im Elsaß) in Anwendung gebracht, die Folter der Schlaflosigkeit. Man ließ die Gefangene stets wach erhalten, damit sie keinen Zuspruch vom Teufel erhalte. Zu diesem Zwecke wurde sie im Kerker unaufhörlich umhergetrieben, bis sie wunde Füße hatte und zuletzt in völlige Verzweiflung geriet.

Manche Untersuchungsrichter folterten die Gefangenen durch Durst, indem sie ihnen stark gesalzene Speisen ohne einen Trunk vorsetzen ließen.

Bei der Folter – so berichtet ein Zeitgenosse – waren es sehr häufig die rohen Scharfrichter, welche „das Ruder führen und ihres Gefallens vorschreiben, wie und auf welche Weise man diese oder jene foltern müsse; sie sind diejenigen, welche denen, so in der Folter hängen, keine Ruhe lassen, sie mit unaufhörlichem Anmahnen, auch greulichen Bedrohungen und erschrecklichen Geberden zum Bekenntnis treiben und die Folter dermaßen spannen, daß es unmöglich ist, zu ertragen und auszustehen." Der Henker selbst sieht's als einen Schimpf an, daß eine Angeklagte ohne Geständnis aus seinen Händen entkommen sollte, „gleich als ob er seine Kunst und Handwerk nicht recht gelernt hätte, daß er einer so schwachen armseligen Weibsperson das Maul nicht hätte eröffnen können."

Oft begann der Henker seine Arbeit mit der Bedrohung: „Du sollst so dünn gefoltert werden, daß die Sonne durch dich scheint."

In einem Falle hat der Henker, als er die dritte Marter begann, zu der Angeschuldigten gesagt: „Ich nehme dich nicht an auf ein oder zween, auf drei, auch nicht auf acht Tage, auf vier Wochen, auf ein halb oder ganz Jahr, sondern so lange du lebst. Und wenn du meinst, daß du nicht bekennen willst, daß du sollst zu Tode gemartert werden, so sollst du doch verbrannt werden."

Mit furchtbarer Kürze ist das Verfahren in den Torturprotokollen niedergelegt; z. B.: „Da man sie dann geblößet, mit einer auf dem rechten Bein aufgesetzten und ziemlich zugeschrobenen

Schraube in die Luft aufgezogen und mit zwei Ruten gestrichen und auf zugesagte gütliche Bekenntnis wieder heruntergelassen und losgeschroben."

Oder: „Da aber die Aussage zweifelhaft befunden, wurde ihr auch auf das linke Bein eine Schraube gesetzt, etwa ziemlich zugeschroben und sie ein wenig aufgezogen – wieder geschraubt, die Strickleine angesetzt, sie mit hinterrücks gebundnen Händen in die Luft gezogen und mit einer Rute gestrichen. Als sie jedoch, heruntergelassen, alles wieder revozierte, wurde sie solange geschraubt, heraufgezogen und mit Ruten gestrichen, bis sie endlich alles bekannte."

Von einem Gefolterten sagt der Berichterstatter, man habe „ihm alsbald die Augen verbunden, Beinschrauben angelegt und ihn erbermlich gemartert, ihn mit anhangenden Beinschrauben auf der Folter gezogen, ihm seinen Leib, Hände und Füße also zerrissen, daß er Gott und die Welt darüber hätte vergessen mögen, wo er nicht durch sonderbare göttliche Stärke und Trost solche Schmerzen und Versuchungen überwunden hätte."

Ein Protokoll lautet z. B.: „Bamberg. Mittwoch den 20. Juli 1628 ist Anna Beurin, 62 J. alt, wegen angegebner Hexerei in der Güte examiniert worden; sie will auf vielfältiges Zureden gar nichts gestehen; könne und wisse nichts, derentwegen mit ihr peinlich prozediert worden: Daumenstock – Gott soll ihr Zeuge sein, sie könne und wisse nichts. Beinschrauben – will ebenmäßig nichts gestehen. Samstags d. 23. Juli Bock (d. h. Daumenstock und Beinschrauben zugleich) auf eine Stunde – will nichts fruchten, könne und wisse nichts." Erst im folgenden Jahre gestand sie bei neuem Foltern!

Während es Rechtsgrundsatz war, daß der Angeschuldigte freizusprechen sei, wenn er die einmal – nach der bestehenden Vorschrift eine Stunde lang – angewendete Folter, ohne zu bekennen, überstand, so erachtete man bei dem Verbrechen der Zauberei sich nicht an diese Schranke gebunden. Man wußte sich dadurch zu helfen, daß die Erneuerung der Folter nicht eine Wiederholung, sondern bloß eine „Fortsetzung" genannt wurde.

Die größte Autorität jener Zeit, Carpzov, sagt: Bei diesem schwersten Verbrechen, bei welchem Beibringung von Beweisen so schwer sei und so verborgene Untaten begangen werden, daß unter Tausenden kaum einer, wie er verdiene, gerichtet werden könnte, müsse man außer der Ordnung verfahren und anders als bei den übrigen Verbrechen; auch möge dabei die Tortur öfter wiederholt werden, da bei solchen Verbrechen eben wegen ihrer Enormität schwerere Mittel zu Findung der Wahrheit anzuwenden seien. Namentlich könne bei der Hexerei der Richter auch noch eine härtere Tortur verhängen, besonders da die Hexen durch alle möglichen Teufelsmittel sich gegen die Tortur zu stählen wissen.

Zwar forderte man zur Verhängung der zweiten und dritten Tortur neue Indizien (Anzeigen der Schuld); allein wie leicht waren diese bei den Hexenprozessen aufzufinden. Galt es ja schon als neues Indizium, wenn die Gefolterte auf der Folter nicht hatte Tränen vergießen können oder sich sonst auffallend bei der Tortur benommen hatte.

In dem Überstehen der Folter selbst fand man am Ende ein Anzeichen der Schuld, den Beweis, daß dem Gefolterten der Teufel beistehe.

Man begnügte sich nicht mit zwei, drei Graden der Folter; es wurde in der Regel fortgefoltert bis zum Geständnis. So wurde in Nördlingen im Jahr 1591 ein Mädchen zweiundzwanzigmal gefoltert. Erst beim dreiundzwanzigsten Mal gestand sie, was man haben wollte.

In Baden-Baden peinigte man ein Weib zwölfmal und ließ sie nach dem letzten Akt noch 52 Stunden auf dem sog. Hexenstuhl sitzen.

Von einer im Jahr 1629 Gerichteten ist gesagt: „Ob sie gleich bei der ersten Marter nichts bekannte, habe man doch, ohne rechtliches Erkenntnis, die Tortur wiederholet, und der Scharfrichter ihr die Hände gebunden, die Haar abgeschnitten, sie auf die Leiter gesetzt, Brandwein auf den Kopf gegossen und angezündet, ihr Schwefelfaden unter die Arme und den Hals gebrennet, sie hinten aufwärts mit den Händen bis an die Decken gezogen, so bei drei oder vier Stunden gewähret und sie gehangen, der Scharfrichter aber zum Morgenbrot gegangen, und als er wiederkam, ihr Brandwein auf den Rücken gegossen und angezündet, ihr viele Gewichte auf den Rücken gelegt und sie in die Höhe gezogen; nach diesem wieder auf die Leiter und ihr ein ungehobeltes Brett mit Stacheln unter den Rücken gelegt und mit den Händen bis an die Decke aufgezogen; fürder: die beiden großen Fußzehen und beide Daumen zusammengeschraubet, eine Stange durch die Arme gestekket und sie also aufgehänget, da ihr immer eine Ohnmacht nach der andern zugegangen, die Beine in den Waden geschraubet und die Tortur auf die Fragen unterschiedlich wiederholet.

Bei der dritten Tortur mit einer ledernen Peitsche um die Lenden und sonst aufs Blut gehauen, ihr die Daumen und großen Zehen zusammengeschraubet, sie also im Bock sitzen lassen, und waren der Henker und die Gerichtspersonen zum Morgenbrot gegangen von 10 bis 1 Uhr, darauf sie abermal mit der Karbatsche jämmerlich zerhauen.

Den andern Tag die Tortur wiederholet."

Ein schon erwähnter Schriftsteller jener Zeit, Spee, bemerkt, nachdem er die Folter beschrieben: „Es wäre wohl etwas, wenn man nach einmal beständig ausgehaltner Tortur vor fernerer Marter gesichert wäre; aber, da man die peinliche Frage zum zweiten, dritten, auch wohl mehr Malen repetieret, und des Folterns, Ziehens, Geißelns, Sengens und Brennens fast kein Ende ist, darf ihm niemand den Gedanken machen, wieder loszuwerden.

Wer wollte nicht lieber sterben und mit tausend Lügen sich einer solchen Pein und Marter überheben? Aber viele halten es für eine Todsünde, sich zu dem Laster der Zauberei (das sie nicht begangen) zu bekennen. Damit sie nun solchergestalt ihre Seele nicht beschweren mögen, so strecken sie alle ihre Kräfte dran, daß sie die Marter aushalten, müssen aber endlich doch wegen Unleidlichkeit der Marter gewonnen geben, und wann sie alsdann vermeinen, daß es wegen solcher falschen Bekenntnis nunmehr um ihre Seligkeit schon gethan sei, wie ängsten, quälen und bekümmern sich dann solche armen Leute im Gefängnis, also, daß ihrer viele in Verzweiflung fallen."

Spee ruft aus: „Wehe der Armen, welche einmal ihren Fuß in die Folterkammer gesetzt hat! Sie wird ihn nicht wieder herausziehen, als bis sie alles nur Denkbare gestanden hat!" Ebenso spricht sich der Jurist Godelmann in einem Gutachten (im J. 1587) aus: „Wir haben schon öfter von den Gefangenen, ehe sie noch bekannt, gehört, wie sie wohl einsehen, daß keiner, welcher Hexerei halber eingefangen ist, mehr herauskommt, und ehe sie solche Pein und Marter ausstehen, wollen sie lieber zu allem, was ihnen vorgehalten werde, Ja sagen, wenn sie es auch entfernt nie gethan noch jemals daran gedacht haben."

Man setzte den unglücklichen Schlachtopfern, die nicht gestehen wollten, auf alle Weise zu, durch Versprechungen (die dann meist nicht gehalten wurden), durch Drohungen, durch schlechte Behandlung in den abscheulichsten Kerkern.

Auch aus Habsucht der Kommissäre und Richter, die von jedem Kopf ein gewisses Salarium bezogen, wurden die Qualen ausgedehnt. Von ihnen schreibt Spee:

„Sie suchen allerlei Ränke, damit diejenigen, so sie wollen, nicht unschuldig erfunden werden:

Da werfen sie dieselbige in ein böses Gefängnis, plagen und quälen sie daselbst durch Gestank und Unflat, zähmen sie mit Kälte und Hitze, spannen sie von neuem auf die Folterbank, und plagen und ängsten sie so lang und viel, bis sie die arme ausgemergelte Kreatur zum Bekenntnis genötigt haben."

Und wenn nun endlich durch die unmenschlichen Qualen der Folter ein Geständnis der Schuld erpreßt war, so galt es, auch die Angabe von Mitschuldigen (das „Besagen") zu bewirken.

Spee berichtet, wie die durch Folter zum Geständnis gebrachte Angeschuldigte auf Mitschuldige inquiriert wurde. „Wenn sie aufs beständigste dabei bestunde, daß sie deren keine wüßte oder kennete, pflegt der Richter sie zu fragen: Ei, kennst du denn die N. N. nicht, hast du dieselbe nicht auf dem Tanz gesehen? Sagte sie alsdann: Nein, sie wüßte nichts Böses von derselben, so hieß es alsbald (zum Scharfrichter): Meister, ziehe auf, spanne besser an (die Folter); als dies geschah und die Gemarterte den Schmerz nicht erdulden konnte, sondern rief: Ja, sie kennete dieselbe, und hätte sie auch auf dem Tanz gesehen, man sollte sie nur herunterlassen, sie wollte nichts verschweigen: So ließ er solches zu Protokoll nehmen." In dieser Weise konnten völlig Unschuldige durch „Besagen" in Untersuchung verstrickt werden, d. h., wie ein anderer Schriftsteller aus jener Zeit erklärt: „Wenn eines namhaft gemacht worden von Gesellen des Lasters, daß der benannte könne gefoltert werden."

Bei den Hexenprozessen aber brauchte es mehr nicht, als daß Gefolterte angaben, sie hätten bei den Hexentänzen auch die und die Personen gesehen. Waren nun durch die fortgesetzten Martern Gedanken und Phantasie der Unglücklichen verwirrt, wurden sie von bösen Träumen im Kerker verfolgt, nannte ihnen der Kerkermeister, der Richter, der Folterknecht diese und jene Personen, oder gab ihnen die Angst und der Drang, von der Folter loszukommen, irgendwelche Namen in den Sinn – so war Anlaß zu neuen Hexenverfolgungen gegeben.

Vergebens mahnte – in seinem obenerwähnten Buche – der vielerfahrene Spee, man möge doch sich wohl vorsehen, „ob die Besagenden nicht auch von der Rotte seien, welche in ihrer Phantasie bethöret und geblendet werden, also, daß sie meinen, sie seien gewesen und haben gesehen, wo sie doch in Wahrheit nicht hingekommen und was sie in Wahrheit nicht gesehen haben", und warnte: „Wenn man auf die Besagungen so viel zu geben pflegt, so hat der Teufel, als ein abgesagter Menschenfeind, die gewünschte Gelegenheit an der Hand, die Unschuldigen in Unglück und Verderben zu stürzen."

Sehr häufig wurde von der Angeschuldigten nachgehends das unter der Folter erpreßte Geständnis widerrufen. Allein damit war für die Unglückliche nichts gewonnen. Sie wurde von neuem und in noch höherem Grade der Tortur unterworfen und ihr vorgehalten, daß sie nur durch „gütliches" Bekenntnis dem Feuertod entgehen und zum „Schwert" begnadigt werden könne.

Selbst wenn sie – um ihr Gewissen zu entlasten – wenigstens die „Besagungen" widerrufen wollte, so hielt sie davon die Furcht vor neuer Folter ab. Denn, sagt Spee, „es kann's keiner, der die Folter nicht selbst versucht, glauben noch begreifen, was dieselbige vermag, und wie sehr solche diejenigen scheuen, die sie einmal geschmeckt haben."

Und doch fanden sich einzelne, die durch keine Qual zum Geständnisse gebracht werden konnten und die man am Ende, freilich siech und mit zerrissenen Gliedern, freigeben mußte. So nach einem Nördlinger Protokoll die Tochter eines Amtmanns von Ulm, welche auf die Angabe einiger Weiber, sie bei Hexentänzen gesehen zu haben, auf die Folter geworfen wurde. Siebenmal gefoltert, fragte sie endlich, „ob sie wohl selig werden könne, wenn sie Unwahrheit gestehe; sie fürchte die Schmerzen und wollte alles gethan haben, was man sie zeihe; nur könne sie es nicht mit gutem Gewissen sagen." Darauf fängt sie an zu gestehen. Beim nächsten Verhöre aber widerruft sie wieder, und sie beharrte auf ihrem Widerruf, ungeachtet sie noch neunmal gefoltert und einmal dabei in einem Verhöre achtmal auf der Leiter geschnellt wurde!

So heißt es ferner in einem Protokoll von einer gewissen Weitschneiderin, welche in ihrem 64. Jahre alle Grade der Tortur ausstand: „Es war so viel, als hätte man in einen alten Pelz hineingehauen"; ferner von einem sechzehnjährigen Mädchen, das aber am Ende doch gestand: „Es ist ein Wunder, wie dies junge Blut so lange aushalten kann."

Im Jahr 1576 wurde in der Pfalz ein Weib wegen Zauberei angeklagt. Die Folter brachte sie zu Geständnissen, die nachher widerrufen, bei neuer Folter erneuert wurden. Daraufhin erfolgte das Todesurteil. Das Weib widerrief aber auf dem Weg zur Richtstätte so entschieden, daß trotz aller Befehle des Amtmanns der Scharfrichter die Exekution verweigerte: Er müsse doch auch seine Seligkeit bedenken. Endlich, nach vierjähriger Einkerkerung wurde die Angeklagte entlassen.

Ein Torturprotokoll vom 31. Oktober 1724 über den Prozeß gegen die in Coesfeld im ehemaligen Fürstbistum Münster gerichtete Enneke Fürstenees besagt, „daß der Untersuchungsrichter Dr. Gogravius, nachdem er die Angeschuldigte vergebens zum gütlichen Bekenntnis aufgefordert, ihr den Befehl der Tortur publizieren lassen. Hiernach ließ er zum ersten Grad der Tortur schreiten. Der Nachrichter wurde hereingerufen. Derselbe zeigte ihr die Folterwerkzeuge und redete ihr scharf zu, während der Richter ihr die einzelnen Anklagepunkte vorlas. Darauf schritt der Richter zum zweiten Grad der Folterung. Die Angeklagte wurde in die Folterkammer geführt, entblößt und angebunden und über die Anklagepunkte befragt. Sie blieb beständig beim Leugnen. Bei der Anbindung hat Angeklagte beständig gerufen und um Gottes willen begehrt, man möge sie loslassen. Sie wolle gern sterben und wolle gern Ja sagen, wenn die

Herren es nur auf ihr Gewissen nehmen wollten. Und wie selbige beständig beim Leugnen verblieben, ist zum dritten Grad geschritten und sind der Angeklagten die Daumschrauben angelegt worden. Weil sie unter der Tortur beständig gerufen, so ist ihr das Capistrum (eine Vorrichtung, welche das Schreien verhinderte) in den Mund gelegt und mit Applizierung der Daumschrauben fortgefahren. Obgleich Angeklagte 50 Minuten in diesem Grade ausgehalten, ihr auch die Daumschrauben zu verschiedenen Malen versetzt und wieder angeschroben sind, hat sie doch nicht allein nicht bekannt, sondern auch während der peinlichen Frage keine Zähre fallen lassen, sondern nur gerufen: ‚Ich bin nicht schuldig. O Jesu, gehe mit mir in mein Leiden und stehe mir bei.' Sodann: ‚Herr Richter, ich bitte Euch, laßt mich nur unschuldig richten.' Ist also zum vierten Grad geschritten vermittels Anlegung der spanischen Stiefeln. Als aber peinlich Befragte in diesem Grade über 30 Minuten hartnäckig dem Bekenntnis widerstanden, ungeachtet die spanischen Stiefel zu verschiedenen Malen versetzt und aufs schärfste wieder angeschroben wurden, auch keine einzige Zähre hat fallen lassen, so hat Dr. Gogravius besorgt, es möchte peinlich Befragte sich vielleicht ‚per maleficium' (durch Hexenkunst) unempfindlich gegen die Schmerzen gemacht haben. Darum hat er dem Nachrichter befohlen, dieselbe nochmals entblößen und untersuchen zu lassen, ob vielleicht an verborgenen Stellen ihres Körpers etwas Verdächtiges sich vorfinde. Worauf der

Nachrichter berichtete, daß er alles aufs genaueste habe untersuchen lassen, aber nichts gefunden sei. Ist also demselben befohlen, abermals die spanischen Stiefeln anzulegen. Dieselbe aber hat die That beständig geleugnet und zu verschiedenenmalen gerufen: ‚O Jesu, ich habe es nicht gethan; ich habe es nicht gethan. Wenn ich es gethan hätte, wollte ich gern bekennen. Herr Richter, lasset mich nur unschuldig richten. Ich will gern sterben. Ich bin unschuldig, unschuldig.' Als demnach peinlich Befragte die ihr zum zweiten Mal angelegten spanischen Stiefeln abermals über 30 Minuten hartnäckig überstanden, so zwar, daß sie während der Folterung weder die Farbe im Gesicht veränderte, noch eine einzige Zähre hat fallen lassen, auch nicht vermerkt werden konnte, daß sie an Kräften abgenommen oder die Strafe sie geschwächt oder verändert hätte, so fürchtete Dr. Gogravius, der vierte Grad möchte die Angeklagte nicht zum Geständnis bringen, und befahl, zum fünften Grad zu schreiten. Demgemäß wurde die Angeklagte vorwärts aufgezogen und mit zwei Ruten bis zu 30 Streichen geschlagen. Als Angeklagte aber zuerst gebunden werden sollte, hat dieselbe begehrt, man möchte sie doch nicht ferner peinigen, mit dem Zusatz: ‚Sie wollte lieber sagen, daß sie es gethan hätte, und sterben unschuldig, wenn sie nur keine Sünde daran thäte.' Dieses wiederholte sie mehrmals; im Betreff der ihr vorgehaltnen Artikel aber beharrte sie beim Leugnen. Daher dem Nachrichter befohlen worden, peinlich Befragte rückwärts aufzuziehen. Mit der Aufziehung ist dergestalten verfahren, daß die Arme rückwärts gerade über dem Kopfe gestanden, beide Schulterknochen aus ihrer Verbindung gedreht und die Füße eine Spanne weit von der Erde entfernt gewesen sind. Als die Angeklagte ungefähr sechs Minuten also aufgezogen gewesen, hat Dr. Gogravius befohlen, ‚sie abermals mit 30 Streichen zu hauen'; was dann auch geschehen ist. Peinlich Befragte verharrte aber beim Leugnen. Auch als Dr. Gogravius zu zweien Malen, jedesmal zu ungefähr acht Schlägen, die Korden anschlagen ließ, hat sie nur gerufen: ‚Ich habe es nicht gethan; ich habe es nicht gethan.' Ferner auch, obwohl die Korden zum dritten Mal mit ungefähr zehn Schlägen angeschlagen und ihr außerdem die bisherigen Folterwerkzeuge (die Daumenschrauben und die spanischen Stiefeln) wieder angelegt sind, dergestalt, daß dieselbe fast unerträglich geschienen, hat dieselbe doch über 30 Minuten diesen fünften Grad ebenso unbeweglich wie die vier vorhergegangnen überstanden, ohne zu bekennen.

Wie nun Dr. Gogravius dafür halten mußte, daß die erkannte Tortur gehörig ausgeführt, gleichwie dann der Nachrichter mitteilte, daß nach seinem Dafürhalten peinlich Befragte die Folterung nicht länger werde ausstehen können, so hat Dr. Gogravius dieselbe wieder abnehmen und losbinden lassen und dem Scharfrichter befohlen, der Gefolterten die Glieder wieder einzusetzen und sie bis zu ihrer völligen Genesung zu verpflegen."

Nach einem Protokoll vom folgenden Tage brachte sie der Scharfrichter – zum Geständnis. Nach den Akten haben nur äußerst wenige Personen allen Schmerzen der Folter zu widerstehen vermocht. Und diese wenigen unterlagen meist schließlich den unmittelbar nach der Folterung an sie gerichteten Ermahnungen und Drohungen des Scharfrichters. Dieser nämlich, während er die auseinandergerissenen Gliedmaßen notdürftig wieder ineinanderfügte, benützte den frischen Eindruck der überstandenen namenlosen Schmerzen und die qualvolle Lage des Eingekerkerten dazu, um ihm begreiflich zu machen, daß ihm doch alles Leugnen nichts helfen werde; eine neue, noch schärfere Tortur werde ihm schließlich das Geständnis abnötigen. Bekenne er jetzt freiwillig, so werde er sich vielleicht noch von der Strafe des Feuertodes retten können und zum Schwerte begnadigt werden; bleibe er aber hartnäckig, so würden seine Richter kein Mitleiden mehr gegen ihn kennen.

Nicht wenige aber starben auf der Folter oder gleich nach der Folter. Dies war lediglich eine Bekräftigung des Verdachts – der Teufel hatte sie dann getötet, und sie wurden deshalb unter dem Galgen verscharrt. So heißt es in einem Urteil bei dem berühmten Juristen Carpzov: „Weil aus den Akten so viel zu befinden, daß der Teufel auf der Tortur der Margarethe Sparrwitz so hart zugesetzt, daß sie, als sie kaum eine halbe Stunde an der Leiter gespannt, mit großem Geschrei Tods verfahren und ihr Haupt gesenkt, daß man gesehen, daß sie der Teufel inwendig im Leibe umgebracht, inmaßen denn auch daraus abzunehmen ist, daß es mit ihr nicht richtig gewesen, weil sie bei der Tortur gar nichts geantwortet: So wird ihr toter Körper unter den Galgen durch den Abdecker billig vergraben." Im Ratsprotokoll der Stadt Offenburg findet sich unter dem 1. Juli 1628 eingetragen: „In stillem Rat. – Nächten nach eilf Uhr ist des Wälschen Mägdlein auf dem (Hexen-) Stuhl urplötzlich gestorben, und unangesehen man sie zuvor zum Bekenntnis stark ermahnt, ist sie doch allzeit auf ihrer Unschuld verharret. Diese hat man auch nach zwölf Uhr um Mittag nochmals stark ermahnt, aber vergebens; und hat auch zuvor, ehe man sie darauf (auf den Stuhl) gesetzt, die lange Weidin gesagt: ‚Ei, was denkt das Mägdlein, daß es sich nicht ergeben will, und ist doch also!' – Ist erkannt, daß man sie unterm Galgen vergrabe."

Wurde die Eingekerkerte, weil sie durch kein Mittel zum Geständnis zu bringen war, freigelassen, so mußte sie häufig noch Urfehde schwören, d. h. geloben, sie wolle sich wegen der erlittenen Einziehung an dem Gericht, dessen Zugehörigen und Dienern in keiner Weise rächen.

Fünfter Abschnitt.
Der Hexenturm.

Noch heutzutage stehen an manchen Orten die bedeutungsvollen Zeugen jener Verfolgungen, die Hexentürme oder „Drudenhäuser".

Hier waren die Opfer eines grausamen Verdachts eingekerkert, und hier – wenn eine Angeklagte schon die Folter standhaft ertragen hatte – wartete ihrer in der Regel eine neue, nicht minder entsetzliche Qual von unabsehbarer Dauer.

Die unglücklichen Zermarterten wurden in die abscheulichsten Gefängnisse gelegt, in denen Kälte, Nässe, Finsternis, Unflat, Ungeziefer, Hunger, Mangel an aller Pflege, düstere Einsamkeit und „stetige Anfechtung" sie der Verzweiflung nahe bringen mußten.

Die Einrichtung der Hexentürme wird folgendermaßen beschrieben:

„In dicken starken Türmen, Gewölben, Kellern oder sonst tiefen Gruben sind gemeiniglich die Gefängnisse. In denselben sind große dicke Hölzer, zwei oder drei übereinander, daß sie auf- und niedergehen an einem Pfahl oder Schrauben; durch dieselben sind Löcher gemacht, daß Arme und Beine darin liegen können. Wenn nun Gefangene vorhanden, hebet oder schraubet man die Hölzer auf, die Gefangenen müssen auf einen Klotz, Steine oder Erde niedersitzen, die Beine in die untern, die Arme in die obern Löcher legen. Dann läßt man die Hölzer wieder fest aufeinander gehen, verschraubt, keilt und verschließt sie auf das härteste, daß die Gefangenen weder Beine noch Arme notdürftig gebrauchen oder regen können. Etliche haben große eiserne oder hölzerne Kreuze, daran sie die Gefangenen mit dem Hals, Rücken, Arm und Beinen anfesseln, daß sie stets entweder stehen oder liegen oder hangen müssen, nach Gelegenheit der Kreuze, daran sie geheftet sind. Etliche haben starke eiserne Stäbe, daran an beiden Enden eiserne Banden sind, daran verschließen sie die Gefangenen an den Armen, hinter den Händen. Dann haben die Stäbe in der Mitte große Ketten in der Mauer angegossen, daß die Leute stets in einem Lager bleiben müssen.

Etliche machen ihnen noch dazu große schwere Eisen an den Füßen, daß sie die weder ausstrecken, noch an sich ziehen können. Etliche haben enge Löcher in den Mauern, darin ein Mensch kaum sitzen, liegen oder stehen kann, darin verschließen sie die Leute mit eisernen Thüren, daß sie sich nicht wenden oder umkehren mögen.

Etliche haben 15, 20, 30 Klafter tiefe Gruben, wie Brunnen oder Keller aufs allerstärkste gemauert, oben im Gewölbe mit engen Löchern und starken Thüren, dadurch lassen sie die Gefangenen mit Stricken hinab und ziehen sie, wie sie wollen, also wieder heraus.

Nachdem nun der Ort ist, sitzen etliche Gefangene in großer Kälte, daß ihnen auch die Füße erfrieren und abfrieren, und sie hernach, wenn sie loskämen, ihr Lebtage Krüppel sein müssen. Etliche liegen in steter Finsternis, daß sie den Sonnenglanz nimmer sehen, wissen nicht, ob's Tag oder Nacht ist. Sie alle sind ihrer Gliedmaßen wenig oder gar nicht mächtig, haben immerwährende Unruhe, liegen in ihrem eigenen Unrat, viel unflätiger und elender, denn das Vieh, werden übel gespeiset, können nicht ruhig schlafen, haben viel Bekümmernis, schwere Gedanken, böse Träume, Schrecken und Anfechtung. Und weil sie Hände und Füße nicht zusammenbringen und wo nötig hinlenken können, werden sie von Läusen, Mäusen, Ratten und Mardern übel geplaget, gebissen und zerfressen. Werden über das noch täglich mit Schimpf, Spott und Dräuung vom Stöcker und Henker gequälet und schwermütig gemacht.

Und weil solches alles mit den armen Gefangenen bisweilen über die Maßen lang währet, zwei, drei, vier, fünf Monat, Jahr und Tag, ja etliche Jahr, werden solche Leute, ob sie wohl anfänglich gutes Mutes, vernünftig, geduldig und stark gewesen, doch in die Länge schwach, kleinmütig, verdrossen, ungeduldig, mißtröstig und verzagt.

In so schändliche, grausame, böse Türme, welche billig nicht Menschengefängnis, sondern die Teufelsmarterbank möchten geheißen werden, lassen die Richter oftmals unschuldige Frauen hinabwerfen. Da liegen die elenden blöden Weiber im Finstern ..."

Die Kerkerhaft hat ihre Grade. Spee schreibt: „Will eine Angeklagte auf der ersten, zweiten oder dritten Tortur nichts bekennen, so wird sie in ein ärgeres Gefängnis, an Fessel und Ketten gelegt, nach ausgestandener Marter in Elend und Bekümmernis sich zu verzehren. Inzwischen werden andere gefoltert und ihnen die Aussage in den Mund gelegt, daß die erste Gefangene von ihnen auf Hexentänzen gesehen worden sei oder was dergleichen sein mag. Darauf hin wird die Gefangene von neuem auf die Folter gespannt, bis sie endlich bekennen muß, was man von ihr hören will."

Und in diesen Gefängnissen selbst gab es noch besondere Marteranstalten. So rühmten Bambergische Inquisitoren als ein wirksames Mittel, die Hexen zahm zu machen, „das gefaltet Stüblein", in dem zu Bamberg erbauten Malefizturm, vermutlich eine Kammer, deren Fußboden aus scharfen Latten bestand.

Selbst nach erfolgter Freisprechung wurden die Verhafteten häufig noch im Kerker festgehalten, bis die Gerichtskosten bezahlt waren. So bei Marburg eine Frau, die zwei Jahre im Turm angeschlossen in Haft gehalten und gefoltert worden.

Sechster Abschnitt.
Geständnis. Hinrichtung.

Dem Untersuchungsrichter in Hexenprozessen lag alles daran, von dem Angeschuldigten ein Geständnis all der Untaten zu verlangen, welche die Volksmeinung und der *Hexenhammer* als den Tatbestand des zauberischen Hexenwesens bezeichneten.

Die Hauptpunkte, über welche man die Angeschuldigte befragte, waren: wo und von wem sie die Zauberei erlernt, wie lange sie dieselbe getrieben und wen sie selbst darin unterrichtet hätte; wann sie sich dem Teufel verschrieben und ob sie dabei dem christlichen Glauben abgesagt und vom Teufel getauft worden wäre; wann und wie sie zu den Hexenversammlungen gefahren und wen sie da gesehen; von wem sie ihre Salben und Kräuter empfangen; wann sie Hagel und Unwetter gemacht, wie sie das Vieh geschädigt, wie sie Krankheiten an Menschen erzeugt; wie viele Männer, Weiber, Kinder sie getötet, wie sie Zwietracht zwischen Ehegatten gebracht und so fort. Sodann: wie es bei den Hexenzusammenkünften hergegangen, wie sie dabei mit dem Teufel zu tun gehabt, was er ihr versprochen u. dgl.

Auf diese Fragen nun mußte die Angeschuldigte ein Bekenntnis ablegen, das zur Verurteilung hinreiche. Was die vergiftete Phantasie einer rohen und abergläubischen Zeit an abenteuerlichen Geistergeschichten zusammentragen mochte, das alles gab die Gemarterte als die Erzählung ihrer Untaten zu Protokoll.

Die Wochen, Monate und Jahre lang im scheußlichsten Kerker, auf der Folter und unter der rohesten Behandlung des Gerichts und des Henkers erlittene Qual brachte die Unglücklichen schließlich oft zu einer Verwirrung der Gedanken, worin sie zuletzt selbst an die Wahrheit der mit der Folter ihnen erpreßten Aussagen glaubten. Untersuchungsrichter, Gefängniswärter, Scharfrichter und Henkersknechte wetteiferten, den Gefangenen alle die Erzählungen aus Hexenprozessen vorzuhalten, welche man als Bekenntnisse in den Akten haben wollte, um darauf ein Todesurteil zu gründen. Und selbst, wenn sie ihrer Gedanken noch mächtig ist, muß die Gefolterte endlich aus Verzweiflung bekennen, was ihr nie in den Sinn kam.

Wie man mit den als Hexen Angeklagten umging, wie sie gefoltert, wie abscheulich sie überhaupt behandelt wurden, dies war allgemein bekannt. Die Unglückliche daher, welche in die Hände des Gerichtes kam, und welcher der gewöhnliche Vorhalt gemacht wurde, sie solle nur gestehen, es liegen schon genügende Beweisgründe gegen sie vor, wußte in der Regel wohl, was ihr nun bevorstand. War sie minder standhaft, oder war sie nur so klug, zu bedenken, daß ihr doch am Ende durch unerträgliche Qualen ein Geständnis dessen, was sie nicht getan hatte, abgepreßt werden würde, oder daß, wenn sie auch die Qualen ohne zu gestehen überwinden könne, ein zerrissener, zerfleischter, siecher Körper und ein elendes Leben ihr Los seien: So gestand sie lieber gleich alles, was man von ihr wissen wollte. Denn bei solchen Aussichten war der Tod auf dem Schafott ein Trost für sie, und sie hatte – was ihr vom Gerichte immer gehörig zu Gemüt geführt wurde – bei dem freiwilligen Geständnisse noch den Gewinn, daß sie nicht lebendig verbrannt werden mußte, sondern mit der gelinderen Strafe des Schwertes davonkam.

Ebenso erklärt sich auch die spätere freie Widerholung eines auf der Folter erpreßten Geständnisses, welche von den Gefolterten verlangt und in den meisten Fällen von ihnen gegeben wurde. Denn wenn sie es verweigerten, war neue Folter ihnen gewiß, da nach der herrschenden Lehre beim Widerrufe eines solchen Geständnisses die Folter wiederholt werden mußte.

Ein Protokoll aus Essen vom 23. Juni 1658 besagt, daß ein als Hexe wiederholt gefoltertes Weib, um nur der Qual zu entgehen, alles, was man ihr vorsagt, bekennt und bittet, „man solle sie nur nicht lange mehr aufhalten und ihr bald davon helfen und ein Vaterunser für sie beten", und als ihr auf den folgenden Tag die Hinrichtung angekündigt wird, sagt, „sie wäre eine Sünderin, man solle nur morgen mit ihr fortfahren und helfen, daß ihre Seele zu Gott kommen möchte."

Freilich sollte das Bekenntnis ein „freiwilliges" sein. Aber unter dem freiwilligen oder „in Güte" abgelegten Bekenntnis verstand man häufig ein solches, das die schon auf die Folterbank gebundene Angeklagte, um der Folter selbst zu entgehen, ablegte. So in einem Prozeß zu Offenburg vom Oktober 1609, da „der Meister (Scharfrichter) die Verhafftin aufgezogen" hatte, so daß ihr der Arm ausgerenkt worden.

Der Richter suchte als Ergebnis der Verfolgung die Übereinstimmung der Aussagen mehrerer Hexen zu erzielen, eine Übereinstimmung aber, die durch die Folter so leicht zu erzwingen war; denn die armen Gefolterten gestanden eben am Ende, weil sie nichts anderes zu sagen wußten, und der Richter sich mit nichts anderem zufrieden gab, die Geschichten, mit denen man sich in ihrem Kreise über das trug, was Hexen treiben.

Und nun sollte endlich der schauerliche Prozeß in der Hinrichtung seinen Abschluß finden. In der Regel lautete das Urteil dahin, daß der Angeschuldigte lebendig verbrannt werde; nur bei freiwilligem, reumütigem Geständnis erfolgte eine Milderung dahin, daß der Verurteilte mit dem Schwert enthauptet und danach der Körper zu Asche verbrannt werden solle.

Es kamen aber auch nicht selten Verschärfungen jener Todesstrafen vor; so namentlich, daß dem Verurteilten vor der Hinrichtung eine Hand abgehauen werden sollte, oder daß „im Hinausführen" der Delinquent wiederholt mit glühenden Zangen an den Armen oder anderen Körperteilen „gerissen" oder „nach ihm gegriffen" wurde. Diese „Griff", welche bis auf die Knochen gingen und selbst diese noch unter furchtbaren Schmerzen zermalmten, kamen fast überall vor.

Die Hinrichtung durch den Scheiterhaufen endlich war mehr oder weniger qualvoll, je nachdem die Luftströmung dem an den Pfahl Gebundenen den erstickenden Qualm ins Gesicht oder von ihm hinwegtrieb. Im letzteren Fall hatte er alle Stufen des langsamen Verbrennens durchzumachen. Damit aber durch das erschütternde Schmerzgeschrei kein Anstoß erregt werde, wurde mitunter den Delinquenten eine Art Bremse in den Mund gelegt und die Zunge gebunden.

Siebenter Abschnitt.
Merkwürdige Hexenprozesse.

Die Blütezeit der Hexenverbrennungen bildeten das 16. und 17. Jahrhundert: Quedlinburg zählte ihrer im Jahre 1589 an einem Tage 133, Elbing im Jahre 1590 in acht Monaten 65. In dem kleinen Städtchen Wiesenburg wurden in einem Prozeß 25, im Städtchen Ingelfingen dreizehn verurteilt. Lindheim, welches 540 Einwohner zählte, ließ in den Jahren 1640-1651 dreißig Personen verbrennen. Im Braunschweigischen war die Menge der Brandpfähle auf der Richtstätte vor dem Löchelnholze so groß, daß sie von Zeitgenossen mit einem Kiefernwalde verglichen wurden.

Im Jahre 1633 mußten in der kleinen Stadt Büdingen 64 Personen, im folgenden Jahre 50 Verurteilte den Scheiterhaufen besteigen; das Städtchen Dieburg sah im Jahr 1627 sechsunddreißig Hinrichtungen.

Der Magistrat von Neisse hatte zum Verbrennen der Hexen einen eigenen Ofen herrichten lassen und überantwortete demselben im Jahr 1651 42 Frauen und Mädchen; im Fürstentum Neisse sollen in neun Jahren über tausend Hexen, darunter Kinder von zwei bis vier Jahren, verbrannt sein.

In der Stadt Offenburg im Breisgau wurden in den Jahren 1627 bis 1630 sechzig Personen wegen Hexerei zum Tode gebracht, nachdem früher im benachbarten Ortenberg die Verfolgungen begonnen hatten.

In der Wetterau, in der freien Reichsburg Lindheim, kamen grausame Hexenverfolgungen in den Jahren 1631 bis 1633, 1650 bis 1653 und 1661 vor. Die Verhafteten wurden in die Höhlen des noch jetzt zu sehenden Hexenturms zu Lindheim gebracht und, ohne daß man eine Verteidigung zuließ, durch den Scharfrichter auf die Folter gespannt und solange mit den ausgesuchtesten Martern gepeinigt, bis sie bekannten.

In Ellingen (in Franken) wurden 1590 in acht Monaten 65 Personen wegen Hexerei hingerichtet.

In der Reichsstadt Nördlingen beschloß der Rat im Jahr 1590 nun einmal die Hexen mit Stumpf und Stiel auszurotten. Man begann, die Verdächtigen zu suchen, und der Erfolg war, daß in der kleinen Stadt 32 Personen hingerichtet wurden. Eine der namhaftesten war Rebekka Lemp, die Frau des Zahlmeisters Peter Lemp; sie wurde, in Abwesenheit ihres Mannes, auf die durch die Folter erpreßten Angaben anderer Angeklagter hin im April 1590 verhaftet. Mit blutendem Herzen hatten es die Kinder mit angesehen, wie die liebe Mutter gepackt und in den schrecklichen Turm abgeführt wurde. Dahin schickten sie ihr nicht lange nachher folgenden Trostbrief zu: „Unsern freundlichen, kindlichen Gruß, herzliebe Mutter! Wir lassen dich grüßen, daß wir wohlauf sind. So hast du uns auch entboten, daß du wohlauf seiest, und wir vermeinen, der Vater wird heute, will's Gott, auch kommen. So wollen wir dich wissen lassen, wann er kommt, der allmächtige Gott verleihe dir seine Gnade und heiligen Geist, daß du, Gott woll, wieder mit Freuden und gesundem Leib zu uns kommst. Gott woll, Amen. Herzliebe Mutter, laß dir Brot kaufen, und laß dir Schnittlein backen, und laß dir Fischlein holen, und laß dir ein Hühnlein holen bei uns, und wenn du Geld darfst, so laß holen; hast's in deinem Säckel wohl. Gehab dich wohl, herzliebe Mutter, du darfst nicht sorgen um das Haushalten, bis du wieder zu uns kommst."

Zu den leiblichen Nöten, unter denen die Unglückliche in dem scheußlichen Gefängnis zu leiden hatte, kam nun auch die ihre Seele folternde Sorge, daß ihr zärtlich geliebter Mann sie für schuldig halten möchte. Daher schrieb sie ihm, als sie seine Rückkehr erfuhr: „Mein herzlieber Schatz, bis (sei) ohne Sorge. Wenn auch ihrer Tausend auf mich bekenneten, so bin ich doch unschuldig; oder es (mögen) kommen alle Teufel und zerreißen mich. Und ob man mich sollt strenglich fragen, so könnte ich nichts bekennen, wenn man mich auch zu tausend Stücke zerriss'. Vater, wenn ich der Sach' schuldig bin, so laß mich Gott nicht vor sein Angesicht kommen immer und ewig. – Wenn ich in der Not muß stecken bleiben, so ist kein Gott im Himmel. Verbirg doch dein Antlitz nicht vor mir; du hörst ja meine Unschuld, laß mich nicht in der schwülen Not stecken!"

Indes nahm der Prozeß in üblicher Weise seinen Anfang. Zweimal überstand Rebekka die Tortur, ohne sich schuldig zu bekennen; bei der dritten Folterung begann sie jedoch zu verzagen, indem dieselbe weit länger dauerte und weit grausiger verlief, als die beiden ersten Male. Sie bekannte sich zu einigen der geringeren Anschuldigungen; so auch bei der vierten Tortur.

Danach schrieb sie heimlich an ihren Mann: „Mein auserwählter Schatz, soll ich mich so unschuldig von dir scheiden müssen, das sei Gott immer und ewig geklagt! Man nötigt Eins, es muß Eins ausreden (bekennen), ich bin aber so unschuldig als Gott im Himmel. Wenn ich im Wenigsten ein Pünktlein um solche Sache wüßte, so wollte ich, daß mir Gott den Himmel versagte. O du herzlieber Schatz, wie geschieht meinem Herzen! O weh, o weh meinen armen Waisen! Vater, schick mir etwas, daß ich sterb, ich muß sonst an der Marter verzagen. Kommst heut nicht, so thu es morgen. Schreib mir von Stund an. O Schatz, deiner unschuldigen Rebekka! Man nimmt mich dir mit Gewalt! Wie kann's doch Gott leiden! Wenn ich ein Unhold bin, sei mir Gott nicht gnädig. O wie geschieht mir so unrecht. Warum will mich doch Gott nicht hören! Schick mir Etwas, ich möchte sonst erst meine Seele beschweren."

Der Mann aber kannte sein Weib, weshalb sein Glaube an ihre Unschuld durch nichts erschüttert ward. Daher machte er mit einer Eingabe an den Rat den Versuch, daß geliebte Weib aus den Händen der Peiniger zu befreien. Doch ohne Erfolg. Eine abermalige Eingabe findet sich in den Prozeßakten zwischen dem siebenten und achten Torturprotokoll und beginnt mit den Worten: „Ehrenveste, fürsichtige, ehrsame, wohlweise, großgünstige, gebietende Herren! Jüngst verwichener Zeit habe ich wegen meiner lieben Hausfrau eine demütige Supplikation übergeben, darin ich um Erledigung meines lieben Weibes gebeten, mir aber damals eine abschlägige Antwort erfolgt: daß auf diesmal mein Bitt und Begehren nicht statt habe." Er wiederholt nun seine Bitte, namentlich dahin, daß die Angeschuldigte alsbald den mißgünstigen Personen, welche gegen sie ausgesagt, möge gegenübergestellt werden, und fährt dann fort: „Ich hoffe und glaube und halte es für gewiß, daß mein Weib alles, dessen man sie bezichtigt, nicht einmal Zeit ihres Lebens in Gedanken gehabt, vielweniger denn, daß sie solches mit Werk und in der That sollte jemals auch nur im Geringsten gethan haben. Denn ich bezeuge es mit meinem Gewissen und mit vielen guten, ehrlichen Leuten, daß mein Weib zu allen Zeiten gottesfürchtig, züchtig, ehrbar, häuslich und fromm, dem Bösen aber jederzeit abhold und feind gewesen. Ihre lieben Kinder hat sie gleichfalls treulich und fleißig nicht allein in ihrem Katechismo, sondern auch in der heil. Bibel, in Sonderheit aber in den lieben Psalmen Davids unterrichtet und unterwiesen, also daß, Gott sei Dank! ich ohne Ruhm zu vermelden, kein durch Gottes Segen mit ihr erzeugtes Kind habe, das nicht etliche Psalmen Davids auswendig wüßte und erzählen könnte. Ueberdies kann aber auch niemand – niemand sage ich –, mit Grund der Wahrheit darthun und erweisen, daß sie irgendeinmal einem Menschen auch nur den kleinsten Schaden am Leibe oder sonst hätte zugefügt und man deßhalb eine Vermutung auf sie gehabt hätte." Es half alles nichts; vielmehr ging der Rat, um das Material zu einem Todesurteil zu erlangen, jetzt nur noch fürchterlicher mit der Folter gegen das arme Weib vor, bis man die gewünschten Geständnisse hatte. Am 9. September 1590 wurde sie verbrannt.

Immer schrecklicher wütete nun das Gericht gegen die Weiber zu Nördlingen. Für die Menge der Verhafteten fanden sich kaum die nötigen Lokale und der „Peinmann" sah seiner Arbeit kein Ende. Im Oktober 1593 wurde eine Frau aus Ulm gebürtig, Maria Holl, auf Grund der Angaben einer Gefolterten ins Gefängnis und alsbald zur Folterbank geführt. Standhaft ertrug sie alle wiederholten und mit ausgesuchtester Grausamkeit immer von neuem verschärften Foltergrade. Gegen sie wurde die Tortur 56 Mal, das letzte Mal im Februar 1594, angewendet, auch ihr dabei der falsche Vorhalt gemacht, daß selbst ihre Verwandten und Freunde, ja sogar ihr Ehemann sie für schuldig hielten. Sie blieb standhaft. Gleichwohl erfolgte keine Freilassung; denn der Rat wollte sich nicht vor der Bürgerschaft eine Blöße geben. Sie wurde abermals am 22. August 1594 scharf inquiriert. Inzwischen aber hatten ihre Verwandten in Ulm bei dem Rat daselbst und der Ulmer Gesandtschaft zu Regensburg Schritte getan. Von dieser erging an den Rat zu Nördlingen ein dringendes Schreiben um sofortige Freilassung der seit elf Monaten ungerecht eingekerkerten Frau, von welcher bezeugt werde, daß sie als eine Ulmer Bürgerstochter jederzeit gottesfürchtig, ehrlich und ohne verdächtigen Argwohn dessen, was man sie beschuldige, sich verhalten habe. Die Unglückliche mußte nun aber eidlich versprechen, daß sie nach der Entlassung ihr Haus niemals, weder bei Tage noch bei Nacht, verlassen werde. Nur unter dieser Bedingung wurde die Gefängnishaft mit lebenswierigem Hausarrest vertauscht!

In den katholischen Stiften und Bistümern fallen die meisten Verurteilungen in die Zeit der Gegenreformationen. Im Trier'schen blieben unter dem Bischof Johann bei einem großen Hexenprozeß im Jahr 1585 in zwei Ortschaften nur zwei Personen am Leben und erlitten aus den 22 Dörfern in der Nachbarschaft von Trier von 1587 bis 1593 überhaupt 368 Personen den Tod.

Im Stift Paderborn wurde seit 1585 die Hexenverfolgung betrieben.

Die Stadt Lemgo erwarb sich von 1580 bis 1670 durch ungemein viele Hexenprozesse den Beinamen „das Hexennest".

In dem Stiftslande Zuckmantel, dem Bischof von Breslau gehörig, wurden schon 1551 nicht weniger als acht Henker gehalten.

In dem Bistum Bamberg begannen die Hexenprozesse im Jahr 1625. Hier wurden 600 Menschen als Hexen, Zauberer und Teufelsbanner verbrannt. Dies meldet eine 1659 mit bischöflicher Genehmigung zu Bamberg gedruckte Schrift. Unter den Hingerichteten werden aufgeführt: „der

Cantzler und Doctor Horn, des Cantzlers Sohn, sein Weib und zwo Töchter, auch viel vornehme Herren und Raths-Personen, sonderlich etliche Personen, die mit dem Bischof über der Tafel gesessen... Es sind etliche Mägdlein von sieben, acht, neun und zehn Jahren unter diesen Zauberinnen gewesen; deren 22 sind hingerichtet und verbrannt worden, wie sie denn auch Zetter über die Mütter geschrieen, die sie solche Teufelskunst gelehrt haben. Und hat die Zauberei so überhand genommen, daß auch die Kinder in Schulen und auf der Gassen einander gelehret."

Das gleiche Los traf um dieselbe Zeit im Bistum Würzburg eine Menge Personen. Es wurden dort von 1622-1629 mehr als 200 – nach einer damals erschienenen Schrift über 900 – Personen wegen Hexerei und Zauberei hingerichtet, von jedem Alter, Stand, Geschlecht, Einheimische und Fremde, Geistliche, Ratsherren und Söhne des fränkischen Adels, Matronen, Jungfrauen und unmündige Kinder; irgendeine ausgezeichnete Eigenschaft war Veranlassung, auf den Scheiterhaufen zu führen. So waren z. B. unter jenen Hingerichteten, wie es in einem Verzeichnisse jener Zeit heißt, die Kanzlerin, ferner die Tochter des Kanzlers, ein Ratsherr, der dickste Bürger von Würzburg, zwei Edelknaben, des Göbel Babelin, die schönste Jungfrau in Würzburg, ein Studiosus, so viel Sprachen gekonnt und ein vortrefflicher Musiker gewesen, der Spitalmeister, ein sehr gelehrter Mann, eines Ratsherrn zwei Söhnlein, große Tochter und Frau, drei Chorherren, 14 Domvicarii, ein geistlicher Doktor, die dicke Edelfrau, ein blindes Mägdlein, ein klein Mägdlein von neun Jahren, ein kleineres ihr Schwesterlein, der zwei Mägdlein Mutter u. s. w.

Zu Pfalz-Neuburg wurde im Frühjahr 1629 die ehrbare und fromme Hausfrau eines Wirtes, Anna Käser, eingekerkert, weil vor Jahren einige wegen Hexerei Verurteilte auf sie ausgesagt hatten. Ihr Mann gab zu Protokoll: Er könne in Wahrheit wohl sagen, daß seine Frau seit sieben Jahren nie recht fröhlich gewesen. Sie habe zu keiner Hochzeit oder dergleichen Mahlzeiten und Fröhlichkeiten, auch wenn er es ihr befohlen, gehen mögen. Sie habe immer gebetet, gefastet und geweint. Dabei habe sie fleißig gesponnen und dem Hauswesen abgewartet. Er schrieb seiner gefangenen Frau, die an eine Kette gelegt und an der Wand des Gefängnisses fest gemacht worden: „Bist du, o mein Schatz, schuldig, bekenne es; bist du unschuldig, hast eine gnädige Obrigkeit, deren wir, zuvörderst Gottes Huld, und unsre kleinen Kinder (uns) zu getrösten (haben). Seye mit deiner und meiner Geduld dem Schutz Gottes befohlen! O mein Schatz, sage mit wenigem, wie ich eine Zeitlang die Haushaltung anstellen solle; und in höchster Bekümmernis dies."

Die Frau beteuerte im Verhör ihre Unschuld und blieb standhaft, selbst als der Scharfrichter die Marterwerkzeuge vor ihr ausbreitete und sie zur Folter zurechtmachte und ihr der Daumenstock angelegt wurde. Als aber schärfere Grade in Anwendung kamen, war ihre Kraft gebrochen, und sie gestand, was man von ihr zu wissen begehrte. Nachher widerrief sie ihre Geständnisse; aber dies hatte nur die Folge, daß sie aufs neue in noch höherem Grade gefoltert wurde, bis sie die früheren Geständnisse wiederholte und bestätigte. Daraufhin ward sie zum Tode verurteilt. Vor ihrer Hinrichtung sprach sie vor den Richtern die Bitte aus, man möchte doch sonst niemanden verbrennen als sie, und man möchte überhaupt „hier im Lande nicht weiter brennen."

Im Kurfürstentum Mainz findet sich ein Fall vom Jahr 1570. Hier wurde Elisabeth, Hans Schmidten Ehefrau in dem Orte Altheim, der Hexerei verdächtig. Ihre Nachbarn richteten daher ein Gesuch an den Amtmann zu Amorbach „wegen dieser Zaubereien sie gnädig zu bedenken", infolge dessen die Angeschuldigte in den Turm zu Buchen geworfen und hier, an eine Kette angeschmiedet, in strenger Haft gehalten wurde. Über ein Jahr hielt man sie in Haft. Endlich verfügte das Ratskollegium ihre Freilassung. Aber der Schultheiß ließ sie zuvor noch auf des Amtmanns Befehl auf die Folter legen und dergestalt peinigen, daß ihr Leib zerdehnt, zerrissen, ihre Hände und Arme verrenkt und zerbrochen wurden. Sie hielt aber aus, ohne das geforderte Geständnis abzulegen.

Mit Anfang des 17. Jahrhunderts aber begann im Kurfürstentum Mainz und im ganzen Odenwald eine umfassende Hexenverfolgung, namentlich in Dieburg, Seligenstadt, Aschaffenburg. In Dieburg stand nämlich damals eine ganze Menge von Personen im Geruch der Zauberei, und die

Masse des Volks war gegen dieselben mit solcher Wut erfüllt, daß selbst die Beamten, wenn sie nicht sofort alle Verdächtigen in Haft nahmen, sich bedroht sahen. Auf die Angaben einiger Verdächtiger über Personen, die sie auf den Hexentänzen gesehen haben wollten, wurden immer wieder neue Verfolgungen eingeleitet. Vergebens machte einer der Angeschuldigten geltend: Man dürfe solchen Zeugnissen nicht trauen; denn das wären Leute, die in ihrer Pein und Marter verzweifelten. Der Teufel verblende die Leute und nehme frommer Leute Gestalt an. Im Jahr 1627 sollen in Dieburg 85 Personen hingerichtet und ganze Familien ausgerottet worden sein. In Großkrotzenburg und Bürgel wurden gegen 300 Personen wegen Hexerei hingerichtet.

Auch in Hessen griff die Verfolgung um sich. Im Jahr 1672 wurde Katharine Lips, Schulmeisters Ehefrau von Betziesdorf in Oberhessen, in den Hexenturm zu Marburg eingesperrt und in gräßlicher Weise gefoltert. Das im Archiv zu Marburg aufbewahrte Protokoll sagt: „Hierauf ist ihr nochmals das Urteil (auf Tortur) vorgelesen worden und sie erinnert worden, die Wahrheit zu sagen. Sie ist aber beständig bei dem Leugnen blieben, hat sich selber hertzhaft und willig ausgezogen, worauf sie der Scharfrichter mit den Händen angeseilet, – peinlich Beklagte hat gerufen: ‚O wehe! O wehe! Herr im Himmel komme zu Hilfe!' Die Zehen sind angeseilet worden – hat gerufen: ‚Ihre Arme brechen ihr.' Die spanischen Stiefel sind ihr aufgesetzet, die Schraube auf dem rechten Bein ist zugeschraubet, ihr ist zugeredet worden, die Wahrheit zu sagen. Sie hat aber darauf nicht geantwortet. Die Schraube auf dem linken Bein auch zugeschraubet. Sie hat gerufen, sie kennte und wüßte nichts. Die linke Schraube gewendet, peinlich Beklagte ist aufgezogen, sie hat gerufen: ‚Du lieber Herr Christ, komme mir zu Hilfe!', sie kennte und wüßte nichts, wenn man sie schon ganz tot arbeitete. Ist höher aufgezogen, ist stille worden und hat gesagt, sie wäre keine Hexe. Die Schraube auf dem rechten Bein zugeschraubet, worauf sie ‚o wehe!' gerufen. Es ist ihr zugeredet worden, die Wahrheit zu sagen. Sie ist aber dabei blieben, daß sie nichts wüßte, ist wieder niedergesetzet worden, die Schrauben sind wieder zugeschraubet, hat geschrieen: ‚O wehe! O wehe!', wieder zugeschraubet auf dem rechten Bein, ist stille worden und hat nichts antworten wollen, zugeschraubet, hat laut gerufen, wieder stille worden und hat nichts antworten wollen, zugeschraubet, hat laut gerufen, wieder stille worden und gesagt, sie kennte und wüßte nichts, nochmals aufgezogen, sie gerufen: ‚O wehe, wehe!', ist aber bald ganz stille worden, ist wieder niedergesetzet und ganz stille blieben, die Schrauben aufgeschraubet. – Die Schrauben höher zugeschraubet, sie laut gerufen und geschrien, ihre Mutter unter der Erde sollte ihr zu Hilfe kommen, ist bald ganz stille worden und hat nichts reden wollen. Härter zugeschraubet, worauf sie anfangen zu kreischen und gerufen, sie wüßte nichts. An beiden Beinen die Schrauben höher gesetzet, daran geklopfet, sie gerufen: ‚Meine liebste Mutter unter der Erden, o Jesu; komm mir zu Hilfe!' Am linken Bein zugeschraubet, sie gerufen, sie wäre keine Hexe, das wüßte der liebe Gott, es wären lauter Lügen, die von ihr geredet worden. Die Schraube am rechten Beine härter zugeschraubet, anfangen zu rufen, aber stracks wieder ganz stille worden. Hierauf ist sie hinausgeführt worden vom Meister, ihr die Haare abzumachen. Darauf er, der Meister, kommen und referiert, daß er das Stigma funden, in welchem er eine Nadel über Glieds tief gestochen, welches sie nicht gefühlet, auch kein Blut herausgangen. Nachdem ihr die Haare abgeschoren, ist sie wieder angeseilet worden an Händen und Füßen, abermals aufgezogen, da sie geklaget –, ist wieder ganz stille worden, gleich als wenn sie schliefe. Die Schraube am rechten Bein wieder zugeschraubet, da sie laut gerufen, die linke Schraube auch zugeschraubet, wieder gerufen und stracks ganz stille worden, und ihr das Maul zugegangen. Am linken Bein zugeschraubet, worauf sie gesagt, sie wüßte von nichts, wenn man sie schon tot machete. Besser zugeschraubet am rechten Bein, sie gekrischen, endlich gesagt, sie könnte nichts sagen, man sollte sie auf die Erde legen und totschlagen. Am linken Bein zugeschraubet, auf die Schrauben geklopft, hartter zugeschraubet, nochmals aufgezogen, endlich ganz wieder losgelassen worden. – Meister Christoffel, der Scharfrichter, berichtet, als sie peinlich Beklagtin die Haare abgeschnitten, habe sie an seinen Sohn begehrt, daß man sie doch nicht so lange hängen lassen möchte, wenn sie aufgezogen wäre."

Die Standhaftigkeit dieser Frau ertrug alle Grade der Folter. Es war von ihr kein Geständnis zu erpressen, und da man auch sonst keine Beweise gegen sie hatte, mußte sie endlich entlassen werden. Aber im folgenden Jahre, da man weiteren Verdacht zu haben vermeinte, wurde sie abermals gefänglich eingezogen und noch entsetzlicher gemartert. Sie wurde viermal aufgezogen, 16 Mal wurden die Schrauben so weit geschraubt, als es nur möglich war, und da sie wiederholt in Starrkrampf verfiel, so wurde ihr mehrmals mit Werkzeugen der Mund aufgebrochen, damit sie bekennen sollte. Bald betete sie, bald brüllte sie „wie ein Hund". Ihre Seelenstärke war größer als die Bosheit ihrer Peiniger. Endlich wurde die unglückliche Frau mit Landesverweisung entlassen.

In der Erzdiözese Köln erstreckte sich die Hexenverfolgung in der zweiten Hälfte des 16. Jahrhunderts über alle Schichten der Gesellschaft. Namentlich auch in Bonn fing man an „stark zu brennen". Der Pfarrer zu Alfter schreibt hierüber: „Es geht gewiß die halbe Stadt drauf. Denn allhier sind schon Professores, Candidati juris, Pastores, Canonici und Vicarii, Religiosi eingelegt und verbrannt... Der Kanzler samt der Kanzlerin und des geheimen Secretarii Hausfrau sind schon fort und gerichtet. Am Abend unserer lieben Frauen ist eine Tochter allhier, so den Namen gehabt, daß sie die schönste und züchtigste gewesen von der ganzen Stadt, von 19 Jahren, hingerichtet, welche von dem Bischofe selbst von Kind an auferzogen."

Ein Hexenrichter in Fulda, Balzer Voß, rühmte sich, er habe allein über 700 beiderlei Geschlechts verbrennen lassen und hoffe, es über 1000 hinauszubringen. Mit der Ausrottung der Hexen betraut war das Stadtgericht zu Fulda, die „Müntz" genannt. Voß wurde als Malefizmeister bestellt und brachte die Tortur in der denkbar unmenschlichsten Weise zur Anwendung. Viele Gefolterte starben während der Tortur oder unmittelbar nach derselben. Viele machten im Kerker aus Verzweiflung ihrem Leben selbst ein Ende.

Ein verhaftetes Weib ließ er in ein abscheuliches Gefängnis, in einen Hundestall am Backhause des Fuldaer Schlosses einsperren, in grausamer Weise an Händen und Füßen fesseln und nötigen, durch ein niedriges Loch auf allen Vieren wie ein Hund zu kriechen, worin sie dann gekrümmt und gebückt, elendiglich hockend, sich weder regen, bewegen, aufrecht stehen, noch des leidigen Ungeziefers erwehren konnte.

In einer Beschwerde gegen diesen Unmenschen ist gesagt, daß er die Folter solange wiederholen lasse, bis die Leute gestehen oder ganz ohnmächtig werden, wodurch er mehrere ganz gelähmt, ja sogar ums Leben gebracht habe. Daß er die Leute nach wiederholter, oft viermaliger Folter in abscheuliche Gefängnisse werfen lasse. Daß er schwangere Weiber nicht einmal verschone. Daß er die Leute mit selbsterfundenen Instrumenten peinigen lasse, wie z. B. mit einem wie ein

Messer zugeschnittenen Holze; dann auch mit brennenden Fackeln über den Rücken und anderen bisher unbekannten Tormenten. Daß er die Valentine Wächter dergestalt peinigen ließ, daß sie dieselbe Nacht noch mit Tod abging.

Regelmäßig pflegte Voß, wenn er aus einer der Unglücklichen ein Geständnis herausgepreßt hatte, noch zu fragen: Besinne dich, ob in der und der Gasse nicht noch etliche wohnen, die Zauberei treiben. Zeige mir sie an und schone sie nicht. Andere haben dich auch nicht geschont. Die Reichen tanzen so gern, wie die Armen u. s. w.

Für jede Verurteilung wie für jede Freisprechung mußten ihm beträchtliche Summen gezahlt werden – in den drei Jahren nahm er auf diese Weise 5393 Gulden ein.

In Nassau war die Hexenverfolgung seit 1628 in vollem Gang. In den Dörfern wurden Ausschüsse bestellt, welche alle wegen Hexerei verdächtigen Personen den im Lande herumziehenden Hexenkommissären anzeigen sollten. Bald füllten sich alle Kerker mit Unglücklichen, welche auf der Folter alle Greuel der Hexenversammlungen bekennen mußten. Die heftigste Aufregung hatte das Volk erfaßt, so daß manche sich selbst als Hexen angaben. Ein Mädchen aus Amdorf bekannte sich selbst bei ihrem Vater als Hexe, der sich infolge dessen in seinem Gewissen dazu gedrängt fühlte, die eigene Tochter zur Anzeige zu bringen, worauf das Mädchen schon nach zehn Tagen hingerichtet wurde.

Selten dauerte ein Prozeß über 14 Tage, indem man mit der Tortur alles rasch fertig brachte. Nicht wenige starben aber in den Kerkerlöchern infolge der erlittenen Tortur oder durch die unmenschliche Behandlung in den Gefängnissen.

So ging es im Nassauer Lande jahrelang zu; in allen Gegenden schleppte man Verurteilte zu den Scheiterhaufen. Allein in Dillenburg wurden damals 35, in Driedorf 30, in Herborn 90 Personen hingerichtet. Bald waren keine Frau und kein Mädchen im Lande vor Kerker und Folter mehr sicher.

Die in dem nassauischen Staatsarchiv zu Idstein aufbewahrten Akten beweisen, daß Hexenfurcht und Verfolgung durch das ganze Jahrhundert fortwährten.

Eine Witwe Hennemann von Niederseelbach wurde – auf Angabe einer anderen Gefangenen – eingezogen. Unter den entsetzlichsten Schmerzen der Tortur sagte sie, sie müsse wider ihr Gewissen reden, wenn sie der Zauberei geständig sein wolle. Unter den Schmerzen der Folter geriet sie in eine Art Erstarrung, daß sie reden wollte, aber nicht konnte. Sobald sie aber die Sprache wieder erhielt, bekannte sie sich zu allem, was man von ihr wissen wollte.

Eine weitere Angeschuldigte, Margarethe, Georg Hartmanns Ehefrau von Heftrich, stellte alles entschieden in Abrede, wisse nichts, als von ihrem lieben Herrn Jesu, habe mit dem Teufel nichts zu tun. Dabei blieb sie auch unter allen Graden der Tortur, von den Beinschrauben an bis zu der

Daumenpresse, wurde aber noch vier Monate im Gefängnis behalten.

Von einer Witwe Weyland wird berichtet: Diese arme Person war längere Zeit so traurig umhergegangen und hatte dadurch bei den Richtern den Verdacht erweckt, als halte sie sich selbst nicht sicher. Als sie daher in dem peinlichen Verhöre darauf befragt wurde, antwortete sie: „Warum sie nicht sollte traurig sein, da sie eine Wittwe sei?" Sie habe, während die bereits eingezogenen Personen nach der Kanzlei geführt worden, hinter dem Fenster gestanden und gebetet. Das sei von ihnen bemerkt worden, und aus Haß sei sie nun von denselben angeklagt; sie wurde hingerichtet.

Die Pfarrerin von Heftrich, in verschiedenen Verhören von Gefolterten als Hexe bezeichnet, die bisher ganz unbescholtene Gattin eines nahe an 30 Jahre im Amte stehenden geachteten Geistlichen, wurde 1676 gefänglich nach Idstein gebracht und in den hohen Turm abgeliefert.

Diese gab an, sie stamme von ihrem Vater und ihren Altvätern her aus Pfarrers-Geschlechte und habe auch einen Pfarrer geheiratet. Es würden ihr diese Hexereien aus Haß und Neid nachgeredet, weil ihr Mann allezeit wider dieses Laster gepredigt habe, daher ihr die bösen Leute gehässig seien.

Vom Scharfrichter am linken Fuße mit Schrauben angegriffen, beteuerte sie unter großem Geschrei und Heulen ihre Unschuld: Sie wüßte nichts zu sagen, als von ihrem lieben Herrn Jesu. Hierauf wurde die Unglückliche auch am rechten Fuße geschraubt, worauf sie unter Jammern und Schreien ausrief, man solle doch nicht so unbarmherzig mit ihr umgehen, sie wäre ja ein Mensch und kein Hund, es geschehe ihr Gewalt. Weil man nichts aus ihr hat bringen können, hat man sie wieder weg ins Gefängnis führen lassen.

Nach drei Tagen, von neuem peinlich angegriffen, gab sie alles zu, was man ihr nachgesagt hatte. Sie wurde hingerichtet (Schwert). Der Pfarrer mußte persönlich dem Gericht die Kosten der Hinrichtung überbringen.

In Rottweil (am Neckar) wurden im 16. Jahrhundert 42 und im 17. Jahrhundert 71 Hexen und Zauberer verbrannt.

In Eßlingen am Neckar begann im Jahr 1662 eine furchtbare Hexenverfolgung, welche auch die zugehörigen Dörfer Möhringen und Vaihingen ergriff. Wie leicht man es damit zu nehmen pflegte, mag von vielen ein Beispiel zeigen.

Im April 1663 wurde Agnes, die Ehefrau des Hans Hensche, Webers in Möhringen, einem dem Eßlinger Spital gehörigen Orte, verhaftet und nach Eßlingen geführt. Sie war der Hexerei verdächtig. Denn einst, als sie bei einem Taufschmaus war, sprang eine schwarze Katze über den Tisch, alle Anwesenden entsetzten sich, sie allein sagte, sie scheue sich nicht, und trank ihr Glas, worin die Katze ihre Pfote gebracht hatte, aus. Auch wollte man ein Säckchen mit Kindsbeinchen bei ihr gefunden haben, dessen Inhalt indes die medizinische Fakultät in Tübingen für Stärkmehl erkannte. Auf der Folter wurden ihr Geständnisse abgepreßt, weil sie hoffte, dann eher wieder zu ihrem Mann und ihren Kindern kommen zu können, Geständnisse, die sie nachher zurücknahm. Sie hielt nun auch die höheren Grade der Folter aus und wurde auch entlassen mit dem Befehl, das Gebiet der Stadt und des Spitals für immer zu meiden. Sie reiste auch wirklich ab, doch bald übermannte sie die Sehnsucht nach den Ihrigen, sie kehrte nach Möhringen zurück. Man nahm sie aber alsbald fest und brachte sie nach Eßlingen, wo sie mit Ruten gehauen und dann mit der Weisung, wenn sie noch einmal zurückkehre, werde man sie hinrichten, wieder über die Grenze gebracht wurde.

Es wurde mit Prozessen vier Jahre lang fortgesetzt.

Die massenhaften Hexenverfolgungen waren indes keineswegs eine nur in Deutschland vorkommende Erscheinung. In Frankreich kamen sie in noch früherer Zeit in gleicher Weise vor, in der Schweiz, Italien, Spanien, England, in den Niederlanden, in Schweden und Dänemark fanden sie sich nicht minder. So z. B. wurden in Oberitalien bei einem Hexenprozesse 100 Personen verbrannt; in Como hatte ein Hexenrichter im Jahre 1485 einundvierzig Hexen verbrennen lassen; in Schweden wurden in dem einen Orte Mora im Jahre 1669 allein 72 Weiber und 15 Kinder wegen Zauberei und Bund mit dem Teufel zum Tode verurteilt.

Der Stadtsyndikus Voigt zu Quedlinburg hat in der *Berliner Monatsschrift* von 1784 die ungefähre Zahl der in Europa als Hexen Hingerichteten auf eine Million berechnet. Andere Berechnungen kommen auf mehrere Millionen.

Nicht selten mußte Verdacht der Zauberei den Vorwand abgeben, eine Verfolgung aus politischen oder kirchlichen Motiven einzuleiten. Hiefür nur ein Beispiel.

Im Anfange des 17. Jahrhunderts herrschte in der Stadt Braunschweig ein aristokratischer Senat mit großer Härte. Die Rechte der Bürgerschaft gegen Übergriffe dieser Aristokratie vertrat mit kühner und kräftiger Stimme einer der achtungswürdigsten und gebildetsten Männer in Braunschweig, der Bürgerhauptmann Henning Brabant. Seine Gegner suchten diese lästige Stimme auf alle Weise zum Schweigen zu bringen. Als es nicht gelang, griff man zu einem Mittel, das in der Hand der Gewaltigen jener Zeit selten fehlschlug, zu Einleitung eines peinlichen Prozesses. Auf den Umstand, daß einmal ein Rabe in das Haus Brabants flog, wurde die Anklage eines Bundes desselben mit dem Teufel gestützt und diese noch gehäuft mit der weiteren Anschuldigung, Brabant habe sich mit dem Herzog gegen die Rechte des Rats verbunden. Daraufhin wurde er verhaftet. Wohl wissend, welches Schicksal ihm drohte, suchte er demselben durch Flucht sich zu entziehen. Er ließ sich vom Gefängnis herab, fiel, brach ein Bein und wurde wieder in den Kerker zurückgebracht. Nun begann man den Prozeß sofort mit der Folter. Auf die unmenschlichste Weise wurde sie gegen ihn angewendet; z. B. nachdem man ihn an den rückwärts gebundenen Armen an das Gewölbe der Folterkammer aufgewunden, hing man an sein gebrochenes Bein ein schweres Gewicht und ließ ihn so eine halbe Stunde frei schwebend hängen, während das Gericht abtrat und im oberen Zimmer sich gütlich tat; ja der Scharfrichter war menschlicher als der Rat, indem er das Verlangen, dem Angeschuldigten hölzerne Keilchen unter die Fingernägel zu schlagen, mit der Bemerkung abwies, er müsse doch auch seine Seligkeit bedenken. Eine solche Folter mußte ihren Zweck erreichen; Brabant gestand am Ende alles, was man von ihm wissen wollte, um nur den unerträglichen Qualen ein Ende zu machen, und er wurde sofort zum Tode verurteilt. Und nun die Hinrichtung! Im jammervollsten, durch die Folter herbeigeführten Zustande wurde er auf einem Gerüste auf einen Stuhl festgebunden. Zuerst schnitt man ihm die zwei Finger ab, mit denen er den Bürgereid geschworen; dann riß man ihm viermal mit glühender Zange Stücke Fleisch aus den Armen und der Brust. Darauf setzte ihm der Scharfrichter ein Messer auf den Brustknochen und schlug auf dieses Messer, wie es im Protokoll heißt, langsam mit einem hölzernen Hammer, während Brabant immer laut seine Unschuld beteuerte. Jetzt wurde ihm der Leib aufgeschnitten – noch lebte er –, dann wurde ihm sein Herz herausgenommen und ins Gesicht geschlagen. Das Protokoll sagt, „er sei in seinem Gebete still geworden und entschlafen, als man ihm das Herz ausgerissen."

Achter Abschnitt.
Zur Erklärung.

Wie ist es möglich gewesen, daß Hunderttausende unglücklicher Menschen von den Gerichten als Zauberer und Hexen verurteilt und hingerichtet wurden? Diese Frage wurde seit dem Verschwinden der Hexenprozesse vielfach aufgeworfen und sehr verschieden beantwortet. Manche waren der Ansicht, es sei lediglich die Anwendung der Folter, welche den Hexenglauben und die Geständnisse der als Hexen Verurteilten erzeugt habe.[*] Andere geben zu, daß manche der Angeklagten sich selbst für schuldig gehalten haben; allein sie seien in Selbsttäuschung befangen oder betrogen gewesen.

Nun ist allerdings unzweifelhaft, daß ein großer Teil der Verurteilungen wegen Zauberei auf Geständnisse hin erfolgte, welche durch die Folter erwirkt wurden. Aber wie konnte man dazu kommen, Anklage auf Zauberei gegen Hunderttausende zu erheben, wenn bei dieser Anklage gar keine tatsächliche Grundlage vorhanden gewesen?

Im ganzen Volke war Jahrhunderte lang der Hexenglaube verbreitet, überall lebte die Überzeugung, daß es Personen gebe, die mit finsteren

---

[*] So namentlich C. G. v. Wächter in seinem Werke: *Beiträge zur Deutschen Geschichte, insbesondere zur Geschichte des Deutschen Strafrechts* (Tüb. 1845), welchem im übrigen die gegenwärtige Darstellung sich meist anschließt.

Kräften, mit bösen Geistern, mit dem Satan in Verbindung stehen.

Auch haben manche sich freiwillig angeklagt, Zauberei getrieben zu haben; sie machten diese Geständnisse aus Gewissensnot und um von dem finsteren Bann, der auf ihnen lastete, frei zu werden.

Wie kam nun diese Vorstellung von Zauberei in unser Volk und in die Christenheit?

Manche Bearbeiter der Geschichte von den Hexenprozessen suchen den Glauben der Deutschen an Zauberei aus dem Orient und von Römern und Griechen herzuleiten: Von den Römern soll er den germanischen Völkern zugeflossen sein. Allerdings fand sich auch im Altertum ein ausgebildetes System des Zauberglaubens und fast alle Völker können dergleichen Sagen in Menge aufweisen. Aber es ist für Deutschland nicht nötig, auf den Orient und das klassische Altertum zurückzugreifen. Die alten Germanen hatten selbst schon und von sich aus ähnliche Anschauungen. Die Grundlage war ja doch eine allen Völkern gemeinsame. Wie die uralte Tradition von Paradies und Sündenfall selbst bei heidnischen Völkern sich unter allerlei Verkleidung forterhielt, so auch die Überlieferung, daß ein Teil der von Gott erschaffenen Geisterwelt abgefallen und als Dämonenreich in Feindschaft gegen Gott und die ihm anhängenden Menschen getreten sei.

Wir begegnen fast bei allen Völkern der Vorstellung, daß untergeordnete böse Geister auf die menschlichen Verhältnisse einwirken und daß mit

Hilfe jener Geister scheinbar Übernatürliches gewirkt werden kann.

Manche wollen den Hexenglauben der Deutschen unmittelbar aus der germanischen Mythologie herleiten. Mit dieser mögen wohl unsere Hexensagen einigen Zusammenhang haben. Aber dieser Zusammenhang ist doch ziemlich lose. Was etwa in einzelnen Nachklängen sich von der deutschen Mythologie im Volk erhalten hatte, trug man eben auf die Hexen über.

Doch ist es besonders eine Eigentümlichkeit der deutschen Hexenverfolgungen, welche mit der germanischen Urzeit zusammenhängt, daß nämlich fast ausschließend Frauen es gewesen sind, gegen welche sich die Anklage der Zauberei richtete. Den Frauen war, wie die Bereitung der Speisen und Getränke, so auch die Kunde der heilsamen Kräuter und die Wissenschaft der Arzneien und Salben, die Fertigkeit, Wunden und Krankheiten zu heilen, überwiesen. Wie sie den Kräften und Geheimnissen der Natur nachspürten, so wurde ihnen auch die Kenntnis von allerlei Zaubermitteln zuerkannt. Das Wort Hexe soll ursprünglich eine kluge, kunstreiche Frau bedeutet haben (nach Grimm, *Deutsche Mythologie*, in dem Abschnitt „Hexen"). Schon die ältesten deutschen Rechtsbücher reden von Zusammenkünften der Hexen zum Kochen ihrer Zaubermittel und brachten sie in Verbindung mit den heidnischen Opfern und mit der Geisterwelt der alten Deutschen. An den uralten Gerichtstagen und Opferfesten, namentlich in der ersten Mainacht, soll ein Hauptauszug der Hexen auf die alten Malstätten stattgefunden haben, meist an den höchsten Punkten der Umgegend.

Die ersten Christen standen noch inmitten einer heidnischen Welt. Wenn sich dieselben daher einesteils nicht immer von dem Aberglauben des Heidentums frei halten konnten, so hatten sie anderntteils aus dem Alten Testamente die Überzeugung von der Verwerflichkeit aller Zauberkünste. Ja, der Glaube an einen Gott mußte sie von selbst dahin führen, daß sie die Göttergestalten der Heiden entweder für nichtig oder für den Teufeln verwandt erklärten. Letztere Auffassung war denn auch bei ihnen die gewöhnlichere; sie hielten dieselben für gefallene Engel, Dämonen oder Teufel, legten ihnen einen feinen luftigen Körper bei, „welcher es ihnen möglich mache, in einem Moment überall zu sein und alles wahrzunehmen, was in der Welt vorgehe." Sie sahen in ihnen Feinde Gottes und der Menschen und glaubten sie darum vornehmlich bemüht, die Menschheit von der Verehrung des einen wahren Gottes abzubringen. Zu dem Zwecke benutzen dieselben ihre Macht und ihre höhere Erkenntnis dazu, die Menschen durch scheinbare Wunderwerke zu täuschen und sie dadurch zu veranlassen, Gott zu verleugnen und ihnen die Gott schuldige Verehrung zu erweisen. So vermengte sich bei den ersten Christen der Begriff der Zauberei nach und nach mit dem Begriff des Götzendienstes, und es war nur eine naturgemäße Entwicklung der Dinge, wenn später die römischen Kaiser, welche zum Christentum übertraten, das eine wie das andere bei schwerer Strafe verboten.

Je mehr sich die Christen jedoch von der Zeit der Herrschaft des Heidentums entfernten, desto mehr schwand in ihrem Bewußtsein auch der Glaube an die wirkliche Existenz der heidnischen Götter. Nur einzelne Spukgestalten des klassischen und germanischen Heidentums hielt der Aberglaube des Volkes hartnäckig fest.

Namentlich lassen sich die nächtlichen Hexenversammlungen auf heidnische Vorstellungen zurückführen. Schon bei den Römern findet sich die Sage von den Nachtfahrten der Zauberweiber im Gefolge der Diana. Im christlichen Altertum erscheint an Stelle der Diana oft die Herodias, welche zur Strafe des an dem Täufer begangenen Mordes ruhelos umherziehen mußte.

Diese nächtlichen Hexenfahrten betrachtete die alte Kirche als ein auf Verblendung der Phantasie beruhendes Hirngespinst. So macht ein (später in das *Corpus juris canonici* aufgenommener) Kanon, welcher im zehnten Jahrhundert in kirchlicher Geltung stand (der sog. Ancyranische *Kanon Episcopi*), den Bischöfen zur Pflicht, den Glauben an die nächtlichen Hexenfahrten zu bekämpfen: Es gebe verbrecherische Weiber, welche, durch die Vorspiegelungen und Einflüsterungen des Satans verführt, glauben, daß sie zur Nachtzeit mit der heidnischen Göttin Diana oder der Herodias und einer unzählbaren Menge von Frauen auf gewissen Tieren reiten, über vieler Herren Länder heimlich und in aller Stille hinwegeilen, der Diana und Herodias als ihrer Herrin gehorchen und in bestimmten Nächten zu ihrem Dienste sich aufbieten lassen. Dieses verkünden sie anderen, und so habe eine zahllose Menge, getäuscht durch die falsche Meinung, daß diese Dinge wahr seien, vom rechten Glauben sich abgewendet und einem Blendwerk des Bösen sich hingegeben. Der Satan nämlich, wenn er sich irgendeines Weibleins bemächtige, so unterjoche er sie, indem er sie zum Abfall vom Glauben bringe, nehme dann sofort die Gestalt verschiedener Personen an, und treibe mit ihr, der Verführten, im Schlafe sein Spiel, indem er ihr bald heitere, bald traurige Dinge, bald bekannte, bald unbekannte Personen vorführe.

Überall aber wurde die Lehre von den Dämonen in der Kirche festgehalten und ausgebildet.

Nach den Kirchenvätern (Origenes) hausen die Dämonen im dichteren Dunstkreise der Erde. Sie besitzen Leiber. Ihre Körperlichkeit ist aber unvergleichlich feiner als die der Menschen, wodurch es ihnen möglich wird, in den Geist wie in den Leib des Menschen einzudringen.

Die Götter der Griechen und Römer sollen nichts anderes als Dämonen gewesen sein.

Der Teufel und seine Dämonen sind unablässig bemüht, die ihnen zugänglichen Menschen in ihre eigene Gottlosigkeit und Verdammnis zu verstricken.

Ihr Luftkörper macht es den Dämonen möglich, in die ihnen infolge ihrer Gottlosigkeit zugänglichen Menschen sowohl im wachenden als im schlafenden Zustand einzudringen und ihre

Anschläge in die Gedanken der Menschen einzumischen.

Die Kirche lehrte aber auch, daß dem Teufel über den Christen keine Gewalt zustehe. Eines der ältesten kirchlichen Bücher, *Der Hirte des Hermas*, sagt: „Den Teufel fürchte nicht; denn durch die Furcht des Herrn wirst du über den Teufel Herr sein; er fürchtet dich, daher fürchte ihn nicht: So wird er vor dir fliehen. Wenn ihr euch zu dem Herrn bekehrt von ganzem Herzen, so werdet ihr die Gewalt haben, die Werke des Teufels niederzuwerfen."

Augustin ruft den Gläubigen zu: „Je größer die Gewalt über die irdische Welt ist, die wir den Dämonen verliehen sehen, um so fester laßt uns an dem Erlöser halten, durch den wir uns aus dieser Tiefe nach Oben erheben sollen."

Die Christen, so lehrte die Kirche, sind gegen die Anläufe des Satans und der Dämonen durch Gebet und Glauben gesichert. Vor ihnen müssen dieselben weichen; aber gerade darum ist die Bosheit des Dämonenreiches vor allem gegen den Christen und gegen die Kirche gerichtet, die sie fortwährend in allerlei Weise zu schädigen und zu verderben suchen.

Außerdem aber sind sie Feinde des Menschengeschlechts überhaupt, weshalb sie den einzelnen Menschen unablässig auflauern und sie auf allen nur erdenkbaren Wegen zu schädigen und zu verderben suchen.

Um ihre heillosen Anschläge zur Ausführung zu bringen, teilen sie ihre geheimen Künste namentlich gottlosen Weibern gerne mit.

Der Begriff der Zauberei gestaltete sich nach dem Bildungsgrade und der Anschauung der Völker verschieden. In Zeiten der Unwissenheit und des Aberglaubens werden Erscheinungen der Zauberei beigemessen, die eine aufgeklärtere Zeit auf den Fortschritt in Erkenntnis und Beherrschung der Naturkräfte zurückführt.

Während die ältere Lehre den Zauberern auch die Macht zuschrieb, allerlei den Menschen sonst unmögliche Malefizien auszuüben, ja selbst Hagel und böse Wetter zu machen, mit ihrem Blick andere zu schädigen u. dgl., so erklärt die spätere Lehre, namentlich nach der Reformation, diese Anschauung als eine diabolische Verblendung.

Der Reformator Joh. Brenz sagt in einer Predigt (1564): daß die Unholde Hagel, Ungewitter und andere böse Dinge zu machen, zu erregen und aufzubringen gar keine Gewalt haben, sondern daß sie vom Teufel damit aufgezogen und verspottet werden, der ihnen weismacht, sie hätten solches getan. Denn in dem Augenblicke, wo der Teufel weiß, daß ein solches Wetter kommen wird, gibt er der Hexe ein, daß sie ein solches herbeibeschwören müsse, um sie in ihrem Glauben zu stärken.

Eine besondere – häufig nicht für strafbar erachtete – Art der Zauberei bildete die Anwendung des Segensprechens und der Sympathie.

Das abergläubische Segensprechen war – namentlich gegen Ende des 16. Jahrhunderts – in Deutschland allgemein verbreitet und im Volksglauben festgewurzelt; es bestand in sinnlosen Reimen, darin der Name Gottes oder der Dreieinigkeit verflochten war. Bei Krankheiten von Menschen oder Vieh holte man vor allem eine Person, die durch Segensprechen heilen könne; die Hebamme soll durch einen solchen Spruch leichte Geburt bewirken u. dgl.

Auch hatten Leute großen Zulauf, von welchen die Sage ging, sie könnten durch Beschwören Pferde oder anderes Vieh, welches abhanden gekommen, wieder herbeischaffen oder den Zauber lösen, dem man das Erkranken des Viehes beimaß.

So finden wir in allen Zeiten bald mehr, bald minder hervortretend die Vorstellung verbreitet, daß es zauberische Beziehungen von Menschen zu finsteren Geistern gebe.

Kirche und Staat meinten, die Zauberei mit Strafen verfolgen zu müssen, und die öffentliche Meinung des Mittelalters forderte geradezu die Hexenprozesse.

Diese haben vom 17. Jahrhundert an aufgehört. Aber konnte man deshalb alle Vorstellungen von dämonischen Beziehungen für einen eitlen Wahn, eine Ausgeburt des krassesten Aberglaubens erklären?

In Soldans *Geschichte der Hexenprozesse* (neu bearbeitet von Heppe, Stuttg. 1880. 2 Bde.) sind (Bd. 2, S. 223) die Abnahme und das Aufhören der Hexenverfolgung der Aufklärung des 19.

Jahrhunderts zugeschrieben, zugleich aber gesagt: „Die fortschreitende philosophische und naturwissenschaftliche Bildung umkreist jetzt in immer engeren Parallelen die Bollwerke der Finsternis, sprengt eine unterminierte Schanze nach der andern, bis endlich die mündig gewordene Vernunft mit der blanken Waffe der Wahrheit dem Teufel zu Leibe geht und ihn samt seinen Werten und Hexenprozessen, nicht ohne das Jammergeschrei und den Widerstand derjenigen, die ohne den Teufel keinen Gott haben, aus seiner letzten Feste jagt."

Unzweifelhaft waren die Hexenverfolgungen, das ganze Verfahren dabei, die Anwendung der Folter und die Verhängung gerichtlicher Strafen eine schwere Verirrung jener Zeiten. Diese mußte beseitigt werden. Aber ihre Beseitigung war nicht bedingt durch die Leugnung der Existenz und Wirksamkeit satanischer Kräfte, sondern durch eine richtige Abgrenzung des Gebiets der Strafrechtpflege, ein Gebiet, in welches die Zauberei als solche nicht fallen kann. Diese Erkenntnis des 18. und 19. Jahrhunderts konnte sich auch ohne den Rationalismus vollziehen, welcher jene Kräfte selbst wegdemonstrierte und damit den Satan überwunden zu haben vermeinte.

Noch heutzutage ist unser Volksleben in höherem Maß als viele ahnen mit Zauberei durchsetzt. Segensprechen, Sympathie, Nekromantik, Magie, Spiritismus – lauter Erscheinungen, welche aus der finsteren Wurzel der Zauberei hervorsprossen und es sehr fraglich erscheinen lassen, ob die moderne Kultur in der Tat, wie sie sich dessen rühmt, mit dem Reich der Dämonen aufgeräumt habe.

Editorische Notiz:

Der Text der vorliegenden Edition folgt der Ausgabe:
Oskar Wächter: Vehmgerichte und Hexenprozesse in Deutschland, Stuttgart 1882.

Der Text wurde aus Fraktur übertragen. Die Orthographie wurde behutsam modernisiert, grammatikalische Eigenheiten bleiben gewahrt. Die Interpunktion folgt der Druckvorlage.

Ebenfalls im SEVERUS Verlag erhältlich:

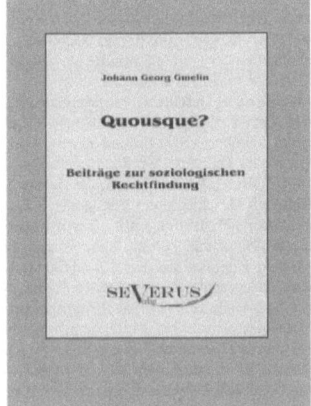

Johann Georg Gmelin
Quousque?
Beiträge zur soziologischen Rechtfindung.
SEVERUS 2011 / 92 S. / 29,50 Euro
ISBN 978-3-86347-059-3

„Was die Rechtsprechung verlangt, ist nicht totes Wissen, ist nicht Buchstaben- und Präjudizienkult. Eine vernünftige Rechtsprechung bedingt Berücksichtigung des tatsächlichen Lebens und seiner Verhältnisse ..."

Die Agitation gegen das in der deutschen Jurisprudenz vorherrschende Primat des Althergebrachten und ihre zu Formalien verkommenen Wertmaßstäbe bildet die thematische Grundlage des vorliegenden Werks. In vier verschiedenen Essays spricht sich Gmelin nicht nur für eine stärkere Bewertung und Einbindung des Individuums aus, sondern wendet sich auch gleichzeitig gegen die bestehende Theorielastigkeit in Studium und Praxis.
Gmelins konsequente und gut veranschaulichte Kritik ermöglicht auch nicht vorgebildeten Lesern einen lehrreichen Einblick in Schwachstellen der hiesigen Rechtsprechung, die noch hundert Jahre später keineswegs behoben sind.

Johann Georg Gmelin (1861-1911) war Oberlandesgerichtsrat in Stuttgart und Verfasser juristischer Schriften.

www.severus-verlag.de

Bisher im SEVERUS Verlag erschienen:

Achelis. Th. Die Entwicklung der Ehe * Die Religionen der Naturvölker im Umriß, Reihe ReligioSus Band V * **Andreas-Salomé, Lou** Rainer Maria Rilke * **Arenz, Karl** Die Entdeckungsreisen in Nord- und Mittelafrika von Richardson, Overweg, Barth und Vogel * **Aretz, Gertrude (Hrsg)** Napoleon I - Briefe an Frauen * **Ashburn, P.M** The ranks of death. A Medical History of the Conquest of America * **Avenarius, Richard** Kritik der reinen Erfahrung * Kritik der reinen Erfahrung, Zweiter Teil * **Beneke, Otto** Von unehrlichen Leuten: Kulturhistorische Studien und Geschichten aus vergangenen Tagen deutscher Gewerbe und Dienste * **Berneker, Erich** Graf Leo Tolstoi * **Bernstorff, Graf Johann Heinrich** Erinnerungen und Briefe * **Bie, Oscar** Franz Schubert - Sein Leben und sein Werk * **Binder, Julius** Grundlegung zur Rechtsphilosophie. Mit einem Extratext zur Rechtsphilosophie Hegels * **Bliedner, Arno** Schiller. Eine pädagogische Studie * **Birt, Theodor** Frauen der Antike * **Blümner, Hugo** Fahrendes Volk im Altertum * **Boos, Heinrich** Geschichte der Freimaurerei. Ein Beitrag zur Kultur- und Literatur-Geschichte des 18. Jahrhunderts * **Brahm, Otto** Das deutsche Ritterdrama des achtzehnten Jahrhunderts: Studien über Joseph August von Törring, seine Vorgänger und Nachfolger * **Brandes, Georg** Moderne Geister: Literarische Bildnisse aus dem 19. Jahrhundert. * **Braun, Lily** Lebenssucher * **Braun, Ferdinand** Drahtlose Telegraphie durch Wasser und Luft * **Brunnemann, Karl** Maximilian Robespierre - Ein Lebensbild nach zum Teil noch unbenutzten Quellen * **Büdinger, Max** Don Carlos Haft und Tod insbesondere nach den Auffassungen seiner Familie * **Burkamp, Wilhelm** Wirklichkeit und Sinn. Die objektive Gewordenheit des Sinns in der sinnfreien Wirklichkeit * **Caemmerer, Rudolf Karl Fritz** Die Entwicklung der strategischen Wissenschaft im 19. Jahrhundert * **Casper, Johann Ludwig** Handbuch der gerichtlich-medizinischen Leichen-Diagnostik: Thanatologischer Teil, Bd. 1 * Bd. 2 * **Cronau, Rudolf** Drei Jahrhunderte deutschen Lebens in Amerika. Eine Geschichte der Deutschen in den Vereinigten Staaten * **Cunow, Heinrich** Geschichte und Kultur des Inkareiches * **Cushing, Harvey** The life of Sir William Osler, Volume 1 * The life of Sir William Osler, Volume 2 * **Dahlke, Paul** Buddhismus als Religion und Moral, Reihe ReligioSus Band IV * **Dühren, Eugen** Der Marquis de Sade und seine Zeit. in Beitrag zur Kultur- und Sittengeschichte des 18. Jahrhunderts. Mit besonderer Beziehung auf die Lehre von der Psychopathia Sexualis * **Eckstein, Friedrich** Alte, unnennbare Tage. Erinnerungen aus siebzig Lehr- und Wanderjahren * Erinnerungen an Anton Bruckner * **Eiselsberg, Anton Freiherr von** Lebensweg eines Chirurgen * **Eloesser, Arthur** Thomas Mann - sein Leben und Werk * **Elsenhans, Theodor** Fries und Kant. Ein Beitrag zur Geschichte und zur systematischen Grundlegung der Erkenntnistheorie. * **Engel, Eduard** Shakespeare * Lord Byron. Eine Autobiographie nach Tagebüchern und Briefen. * **Ewald, Oscar** Nietzsches Lehre in ihren Grundbegriffen * Die französische Aufklärungsphilosophie * **Ferenczi, Sandor** Hysterie und Pathoneurosen * **Fichte, Immanuel Hermann** Die Idee der Persönlichkeit und der individuellen Fortdauer * **Fourier, Jean Baptiste Joseph Baron** Die Auflösung der bestimmten Gleichungen * **Frazer, James George** Totemism and Exogamy. A Treatise on Certain Early Forms of Superstition and Society * **Frey, Adolf** Albrecht von Haller und seine Bedeutung für die deutsche Literatur * **Frimmel, Theodor von** Beethoven Studien I. Beethovens äußere Erscheinung * Beethoven Studien II. Bausteine zu einer Lebensgeschichte des Meisters * **Fülleborn, Friedrich** Über eine medizinische Studienreise nach Panama, Westindien und den Vereinigten Staaten * **Gmelin, Johann Georg** Quousque? Beiträge zur soziologischen Rechtfindung * **Goette, Alexander** Holbeins Totentanz und seine Vorbilder * **Goldstein, Eugen** Canalstrahlen * **Graebner, Fritz** Das Weltbild der Primitiven: Eine Untersuchung der Urformen weltanschaulichen Denkens bei Naturvölkern * **Griesinger, Wilhelm** Handbuch der speciellen Pathologie und Therapie: Infectionskrankheiten * **Griesser, Luitpold** Nietzsche und Wagner - neue Beiträge zur Geschichte und Psychologie ihrer Freundschaft * **Hanstein, Adalbert von** Die Frauen in der Geschichte des Deutschen Geisteslebens des 18. und 19. Jahrhunderts * **Hartmann, Franz** Die Medizin des Theophrastus Paracelsus von Hohenheim * **Heller, August** Geschichte der Physik von Aristoteles bis auf die neueste Zeit. Bd. 1: Von Aristoteles bis Galilei * **Helmholtz, Hermann von** Reden und Vorträge, Bd. 1 * Reden und Vorträge, Bd. 2 * **Henker, Otto** Einführung in die Brillenlehre * **Henne am Rhyn, Otto** Aus Loge und Welt: Freimaurerische und kulturgeschichtliche Aufsätze * **Jahn, Ulrich** Die deutschen Opfergebräuche bei Ackerbau und Viehzucht. Ein Beitrag zur Deutschen Mythologie und Altertumskunde * **Kalkoff, Paul** Ulrich von Hutten und die Reformation. Eine kritische Geschichte seiner wichtigsten Lebenszeit und der Ent-

scheidungsjahre der Reformation (1517 - 1523), Reihe ReligioSus Band I * **Kaufmann, Max** Heines Liebesleben * **Kautsky, Karl** Terrorismus und Kommunismus: Ein Beitrag zur Naturgeschichte der Revolution * **Kerschensteiner, Georg** Theorie der Bildung * **Kotelmann, Ludwig** Gesundheitspflege im Mittelalter. Kulturgeschichtliche Studien nach Predigten des 13., 14. und 15. Jahrhunderts * **Klein, Wilhelm** Geschichte der Griechischen Kunst - Erster Band: Die Griechische Kunst bis Myron * **Krömeke, Franz** Friedrich Wilhelm Sertürner - Entdecker des Morphiums * **Külz, Ludwig** Tropenarzt im afrikanischen Busch * **Leimbach, Karl Alexander** Untersuchungen über die verschiedenen Moralsysteme * **Liliencron, Rochus von / Müllenhoff, Karl** Zur Runenlehre. Zwei Abhandlungen * **Mach, Ernst** Die Principien der Wärmelehre * **Mackenzie, William Leslie** Health and Disease * **Maurer, Konrad** Island von seiner ersten Entdeckung bis zum Untergange des Freistaats * **Mausbach, Joseph** Die Ethik des heiligen Augustinus. Erster Band: Die sittliche Ordnung und ihre Grundlagen * **Mauthner, Fritz** Die drei Bilder der Welt - ein sprachkritischer Versuch * **Meissner, Franz Hermann** Arnold Böcklin * **Meyer, Elard Hugo** Indogermanische Mythen, Bd. 1: Gandharven-Kentauren * **Müller, Adam** Versuche einer neuen Theorie des Geldes * **Müller, Conrad** Alexander von Humboldt und das Preußische Königshaus. Briefe aus den Jahren 1835-1857 * **Naumann, Friedrich** Freiheitskämpfe * **Oettingen, Arthur von** Die Schule der Physik * **Ossipow, Nikolai** Tolstois Kindheitserinnerungen. Ein Beitrag zu Freuds Libidotheorie * **Ostwald, Wilhelm** Erfinder und Entdecker * **Peters, Carl** Die deutsche Emin-Pascha-Expedition * **Poetter, Friedrich Christoph** Logik * **Popken, Minna** Im Kampf um die Welt des Lichts. Lebenserinnerungen und Bekenntnisse einer Ärztin * **Prutz, Hans** Neue Studien zur Geschichte der Jungfrau von Orléans * **Rank, Otto** Psychoanalytische Beiträge zur Mythenforschung. Gesammelte Studien aus den Jahren 1912 bis 1914. * **Ree, Paul Johannes** Peter Candid * **Rohr, Moritz von** Joseph Fraunhofers Leben, Leistungen und Wirksamkeit * **Rubinstein, Susanna** Ein individualistischer Pessimist: Beitrag zur Würdigung Philipp Mainländers * **Oettingen** Eine Trias von Willensmetaphysikern: Populär-philosophische Essays * **Sachs, Eva** Die fünf platonischen Körper: Zur Geschichte der Mathematik und der Elementenlehre Platons und der Pythagoreer * **Scheidemann, Philipp** Memoiren eines Sozialdemokraten, Erster Band * Memoiren eines Sozialdemokraten, Zweiter Band * **Schleich, Carl Ludwig** Erinnerungen an Strindberg nebst Nachrufen für Ehrlich und von Bergmann * Das Ich und die Dämonien * **Schlösser, Rudolf** Rameaus Neffe - Studien und Untersuchungen zur Einführung in Goethes Übersetzung des Diderotschen Dialogs * **Schweitzer, Christoph** Reise nach Java und Ceylon (1675-1682). Reisebeschreibungen von deutschen Beamten und Kriegsleuten im Dienst der niederländischen West- und Ostindischen Kompagnien 1602 - 1797. * **Sommerlad, Theo** Die soziale Wirksamkeit der Hohenzollern * **Stein, Heinrich von** Giordano Bruno. Gedanken über seine Lehre und sein Leben * **Strache, Hans** Der Eklektizismus des Antiochus von Askalon * **Sulger-Gebing, Emil** Goethe und Dante * **Thiersch, Hermann** Ludwig I von Bayern und die Georgia Augusta * Pro Samothrake * **Tyndall, John** Die Wärme betrachtet als eine Art der Bewegung, Bd. 1 * Die Wärme betrachtet als eine Art der Bewegung, Bd. 2 * **Virchow, Rudolf** Vier Reden über Leben und Kranksein * **Vollmann, Franz** Über das Verhältnis der späteren Stoa zur Sklaverei im römischen Reiche * **Volkmer, Franz** Das Verhältnis von Geist und Körper im Menschen (Seele und Leib) nach Cartesius * **Wachsmuth, Curt** Das alte Griechenland im neuen * **Weber, Paul** Beiträge zu Dürers Weltanschauung * **Wecklein, Nikolaus** Textkritische Studien zu den griechischen Tragikern * **Weinhold, Karl** Die heidnische Totenbestattung in Deutschland * **Wellhausen, Julius** Israelitische und Jüdische Geschichte, Reihe ReligioSus Band VI * **Wellmann, Max** Die pneumatische Schule bis auf Archigenes - in ihrer Entwicklung dargestellt * **Wernher, Adolf** Die Bestattung der Toten in Bezug auf Hygiene, geschichtliche Entwicklung und gesetzliche Bestimmungen * **Weygandt, Wilhelm** Abnorme Charaktere in der dramatischen Literatur. Shakespeare - Goethe - Ibsen - Gerhart Hauptmann * **Wlassak, Moriz** Zum römischen Provinzialprozeß * **Wulffen, Erich** Kriminalpädagogik: Ein Erziehungsbuch * **Wundt, Wilhelm** Reden und Aufsätze * **Zallinger, Otto** Die Ringgaben bei der Heirat und das Zusammengeben im mittelalterlich-deutschem Recht * **Zoozmann, Richard** Hans Sachs und die Reformation - In Gedichten und Prosastücken, Reihe ReligioSus Band III

www.severus-verlag.de

www.ingramcontent.com/pod-product-compliance
Lightning Source LLC
Chambersburg PA
CBHW032104300426
44116CB00007B/876